Ti consiglio
- Il potere di Adesso

PENSA E ARRICCHISCI

Questo libro i
consigliato da un saggio
insegnante di inglese;
l'ho trovato affascinante e
arricchente. Scorre non troppo
veloce, ma att perché scritto
qualche anno fa...
All'interno troverai delle vere
e proprie perle di saggezza
che non ti lasceranno
indifferente.
L'ho scelto tra tanti altri titoli
perché fonde razionalità con
intinto, teoria con pratica,
un modo da essere guida
nelle difficoltà lavorative e
in parte relazionali.
CHE DIRE? fammi sapere, mi
raccomando! Ti mando un
grande abbraccio

M

Dello stesso Autore presso le nostre edizioni:

Pensa e arricchisci te stesso (audiolibro)
Pensa e arricchisci te stesso, Manuale per il successo
Pensa e arricchisci te stesso, Workbook
Pensa e arricchisci te stesso giorno per giorno
Pensa e arricchisci te stesso per le donne (S. Lechter)
Think & Grow Rich – Pensa e arricchisci te stesso
    Edizione del 21° secolo con annotazioni
I 5 principi essenziali di Pensa e arricchisci te stesso
Arricchisci te stesso con l'arte della persuasione
Piano di azione positiva
Le chiavi del pensiero positivo
Le chiavi del successo
La chiave principale della ricchezza
La Legge del Successo, vol. I, I princìpi dell'autodisciplina
La Legge del Successo, vol. II, I princìpi del potere personale
La Legge del Successo, vol. III, I princìpi dell'autoformazione
La Legge del Successo, vol. IV, I princìpi dell'integrità personale
La saggezza di Andrew Carnegie, I 17 princìpi del successo
Il segreto della libertà e del successo
Il successo attraverso l'atteggiamento mentale positivo (con W. Clement Stone)
Con la tua mente puoi fare miracoli
La scienza del successo
Le leggi dell'oro
Le chiavi principali della vendita
Come organizzare la propria mente
Il successo dipende da te (con J. Gitomer)
Successo, Scopri il sentiero verso la ricchezza

Nella stessa collana:

S. Lechter, G. Reid, *A tre passi dall'oro*
J. Vitale, *Meet & Grow Rich, organizza il tuo gruppo di Mastermind*
W. Clement Stone, *La ricetta infallibile per il successo*
D. Green, *Tutto quello che so sul successo l'ho imparato da Napoleon Hill*

🔲 Gribaudi Business & Self help
🔲 @GriBusiness
www.gribaudi.it

Piero Gribaudi Editore srl
Via C. Baroni, 190
20142 Milano
Tel. 02-89302244 – Fax 02-89302376
e-mail: info@gribaudi.it

Napoleon Hill

PENSA
E
ARRICCHISCI
TE STESSO

Gribaudi

Proprietà letteraria riservata
© 2003 Piero Gribaudi Editore srl
20142 Milano – Via C. Baroni, 190

Titolo originale dell'opera:
Think and Grow Rich
© Napoleon Hill Foundation

Traduzione di Daniele Ballarini

ISBN 978-88-7152-715-4

Prima edizione: aprile 2003
Prima ristampa: dicembre 2004
Seconda ristampa: maggio 2006
Terza ristampa: settembre 2007
Quarta ristampa: ottobre 2008
Quinta ristampa: luglio 2009
Sesta ristampa: marzo 2010
Settima ristampa: ottobre 2010
Ottava ristampa: aprile 2011
Nona ristampa: settembre 2011
Decima ristampa: maggio 2012
Undicesima ristampa: aprile 2013
Dodicesima ristampa: novembre 2013
Tredicesima ristampa: settembre 2014
Quattordicesima ristampa: maggio 2015
Quindicesima ristampa: febbraio 2016
Sedicesima ristampa: novembre 2016
Diciassettesima ristampa: giugno 2017
Diciottesima ristampa: dicembre 2017
Diciannovesima ristampa: giugno 2018
Ventesima ristampa: novembre 2018
Ventunesima ristampa: maggio 2019
Ventiduesima ristampa: agosto 2019
Ventitreesima ristampa: gennaio 2020
Ventiquattresima ristampa: giugno 2020
Venticinquesima ristampa: novembre 2020
Ventiseiesima ristampa: febbraio 2021
Ventisettesima ristampa: luglio 2021

Copertina di Ideaesse
Stampa: Grafiche VD – Città di Castello (Pg)

PRESENTAZIONE

Quest'opera è una di quelle che hanno più influito su tanti individui nel mostrare la direzione da prendere per l'autorealizzazione, intesa sia come indipendenza finanziaria sia come ricchezza spirituale che trascende qualunque paragone monetario.

Non c'è mai stato né ci sarà mai un altro libro simile: esso trae ispirazione dalla formula del successo rivelata molti anni fa da Andrew Carnegie al suo autore, Napoleon Hill. Carnegie non si limitò a diventare multimilionario, ma aiutò migliaia di uomini a fare altrettanto svelando loro il suo segreto. Altri cinquecento personaggi che hanno raggiunto il successo economico espongono qui il loro personale approccio a Hill, il quale può quindi divulgare il messaggio a tutti coloro che, nelle varie occupazioni professionali, sono disposti a impegnare le loro idee, riflessioni e progettazioni per arricchirsi.

Migliaia di individui hanno applicato e messo a frutto la celebre filosofia di questo volume. I suoi segreti sono eterni, perciò ancora applicabili come quando apparve la prima edizione. Adesso, quest'ultima edizione rende disponibile a tutti la formula a cui attingere per guadagnare di più e raggiungere la pace interiore, il che significa la felicità.

Questo è essenzialmente un manuale pratico che insegna cosa fare e come farlo. Vi troverete la magia dell'autodeterminazione, della programmazione organizzata, dell'autosuggestione, dell'alleanza di cervelli, di uno straordinario sistema di analisi personale, oltre a consigli dettagliati per vendere meglio i propri servizi forniti da personaggi di spicco che, con la loro esperienza, ne hanno dimostrato l'efficacia.

Peraltro, le ricchezze ottenibili non si misurano solamente a livello monetario. Vi sono i tesori dell'amicizia durevole, di armoniosi rapporti famigliari, della simpatia, della comprensione reciproca e dell'equilibrio interiore garantito dalla serenità mentale, che è misurabile solo con valori spirituali.

La filosofia di questo manuale vi preparerà ad attirare e sfruttare questi beni superiori, che sono e saranno sempre negati a tutti quelli che *non sono pronti a riceverli.*

Di conseguenza, preparatevi ad applicarne i princìpi: trasformerete la vostra vita, attenuando le tensioni e le ardue prove dell'esistenza, e sarete pronti ad accumulare ricchezze materiali e spirituali.

L'Editore

INTRODUZIONE

In ogni capitolo di questo libro faccio riferimento al segreto per il successo economico che ha fatto la fortuna delle centinaia di magnati di cui ho attentamente studiato l'attività.

È stato Andrew Carnegie, parecchi anni fa, a farmelo scoprire. L'amabile e astuto scozzese, già avanti negli anni, me l'aveva rivelato come se niente fosse quando ero ancora ragazzo. Poi, si era appoggiato sulla sua poltrona con espressione furbetta, fissandomi per vedere se avessi abbastanza intelligenza da capire fino in fondo il significato delle sue parole.

Quando si rese conto che avevo afferrato l'idea, mi chiese se fossi disposto a dedicare vent'anni o più per preparami a diffonderla nel mondo, alle donne e agli uomini che, senza di essa, avrebbero sprecato la vita nel fallimento totale. Diedi l'assenso e, anche grazie al suo aiuto, ho mantenuto la promessa.

Questo volume contiene quel segreto così come lo hanno applicato migliaia di persone in ogni settore professionale. Lo stesso Carnegie mi consigliò di divulgare la formula magica della sua fortuna finanziaria a tutti gli individui che non hanno tempo per investigare in che modo ci si arricchisce, sperando che potessi dimostrarne la validità riportando le esperienze di altre persone di successo.

Nel terzo capitolo, quello dedicato alla fede, leggerete della stupefacente fondazione della US Steel Corporation da parte del giovane a cui Carnegie aveva affidato l'esecuzione pratica della formula che si dimostra valida *per tutti coloro che sono pronti*. La semplice applicazione di questo principio fruttò a Charles M. Schwab un'enorme fortuna finanziaria: più o meno *seicento milioni di dollari*.

Questi fatti, che sono noti a chiunque abbia conosciuto Carnegie, vi danno un'idea di ciò che potete attingere da questo libro, purché *sappiate quello che volete*.

Il segreto fu svelato a migliaia di donne e uomini, che lo hanno usato a loro vantaggio, come Carnegie voleva che facessero. Alcuni si sono arricchiti, altri se ne sono serviti per portare l'armonia nella loro famiglia. Un sacerdote se ne è avvalso in modo talmente efficace da produrre ogni anno un reddito superiore ai settantacinquemila dollari.

Arthur Nash, un sarto di Cincinnati, mise a rischio la casa di moda per cui lavorava, a dire il vero quasi fallita, usandola come "cavia" per saggiare la formula. L'attività riprese a fiorire e arricchì tutti i proprietari: è rigogliosa ancora oggi, sebbene Nash se ne sia ormai andato. L'esperimento fu talmente esemplare che giornali e riviste ne parlarono così bene da fargli un'ottima pubblicità, che di per sé vale più di un milione di dollari.

Il segreto venne divulgato anche a Stuart Austin Wier, di Dallas, in Texas. Lui era pronto, tanto da abbandonare la sua professione per studiare legge. Ha avuto successo? Leggerete anche questa storia.

Quando lavoravo come direttore pubblicitario della LaSalle University, che allora era a malapena conosciuta, ho avuto il privilegio di vedere come applicasse la formula J.G. Chapline, il suo rettore: senz'altro bene, visto che LaSalle è diventata una delle più grandi scuole del paese in corsi per corrispondenza.

Il segreto di cui parlo viene svelato più di cento volte in tutto il libro. Non vi si fa riferimento in modo diretto, dal momento che sembra funzionare meglio se lo si fa intuire, specie a quelli che, cercandolo, sono pronti a coglierlo in tale forma occulta. Lo stesso motivo per cui Carnegie me ne parlò in maniera arcana, senza definirlo con termini specifici.

Se siete preparati a metterlo in pratica, lo riconoscerete almeno una volta in ogni capitolo. Mi piacerebbe farvi capire subito se siete pronti, ma così vi toglierei gran parte dei benefici che riceverete scoprendolo a modo vostro.

Se a volte vi siete sentiti scoraggiati, se avete avuto difficoltà, se avete provato e fallito o se siete stati svantaggiati da una malattia o da un handicap fisico, la storia in cui racconto come mio figlio abbia usato la formula di Carnegie potrebbe essere l'oasi nel deserto che state cercando.

Lo stesso segreto venne ampiamente impiegato durante la Prima guerra mondiale dal presidente americano Woodrow Wilson. Lo divulgava durante l'addestramento a ogni soldato che doveva andare al fronte. Fu lo stesso presidente a dirmi che esso era stato un fattore decisivo per la raccolta dei fondi necessari per sostenere lo sforzo bellico.

L'elemento degno di nota di questo segreto è che, una volta appreso e applicato, ci si trova letteralmente proiettati verso il successo. Se ne dubitate, studiate i nomi dei personaggi che cito nel libro e che se ne sono serviti: verificate i primati che hanno stabilito e ve ne convincerete.

Non esiste niente che si possa ottenere senza dare nulla in cambio! Così, anche il segreto a cui mi riferisco ha un prezzo, benché questo sia di gran lunga inferiore al valore di quello. Non si può carpire il segreto se non lo si cerca intenzionalmente. Non lo si può svalutare propagandolo ai quattro venti, né acquistare col vile denaro, dato che è composto di due parti, una delle quali è già in possesso di coloro che sono pronti a coglierlo.

Il segreto è utile per tutti quelli che sono preparati a sfruttarlo, e lo è nelle stesse proporzioni. L'istruzione non c'entra niente: molto prima che nascessi io, era stato scoperto anche da Thomas A. Edison, che lo ha utilizzato in modo così intelligente da diventare il più grande inventore del mondo sebbene fosse andato a scuola solo per tre mesi in tutta la sua vita.

Questo segreto passò anche a Edwin C. Barnes, un socio di Edison, che lo adoperò con tale efficacia da accumulare una fortuna che gli permise di andare in pensione in giovane età, mentre prima guadagnava appena dodicimila dollari all'anno. Troverete la sua storia all'inizio del primo capitolo. Perciò, vi convincerete che le ricchezze non sono al di fuori della vostra portata, che potete ancora essere ciò che volete, che i soldi, la fama e la felicità sono ottenibili da tutti coloro i quali sono decisi ad averli.

Come faccio a saperlo? Avrete la risposta prima della fine del libro: la potreste trovare alla prima pagina, oppure all'ultima.

Mentre, incentivato da Carnegie, eseguivo la mia ricerca ventennale, ho studiato e analizzato centinaia di personaggi famosi, molti dei quali ammettavano apertamente di aver affastellato le loro fortune con l'aiuto della formula segreta. Eccone alcuni:

HENRY FORD	HARRIS F. WILLIAMS
WILLIAM WRIGLEY JR.	FRANK GUNSAULUS
JOHN WANAMAKER	DANIEL WILLARD
JAMES J. HILL	KING GILLETTE
GEORGE S. PARKER	RALPH A. WEEKS
E.M. STATLER	DANIEL T. WRIGHT
HENRY L. DOHERTY	JOHN D. ROCKEFELLER
CYRUS H.K. CURTIS	THOMAS A. EDISON

GEORGE EASTMAN

CHARLES M. SCHWAB

THEODORE ROOSEVELT

JOHN W. DAVIS

ELBERT HUBBARD

WILBUR WRIGHT

WILLIAM JENNINGS BRYAN

DAVID STARR JORDAN

J. OGDEN ARMOUR

ARTHUR BRISBANE

LUTHER BURBANK

EDWARD W. BOK

FRANK A. MUNSEY

ELBERT H. GARY

ALEXANDER GRAHAM BELL

JOHN H. PATTERSON

FRANK A. VANDERLIP

F. W. WOOLWORTH

ROBERT A. DOLLAR

EDWARD A. FILENE

EDWIN C. BARNES

ARTHUR NASH

CLARENCE DARROW

WOODROW WILSON

WILLIAM HOWARD TAFT

JULIUS ROSENWALD

STUART AUSTIN WIER

FRANK CRANE

GEORGE M. ALEXANDER

J.G. CHAPLINE

JENNINGS RANDOLPH

Questi nomi rappresentano una minuscola parte delle centinaia di personaggi celebri le cui realizzazioni, finanziarie o personali, provano che chi comprende e applica il segreto di Carnegie raggiunge posizioni elevate. Non ho conosciuto nessuno che, essendo da esso ispirato, non abbia conseguito un successo degno di nota nel suo campo di applicazione. Non ho conosciuto nessuno che si sia distinto in qualche modo o abbia accumulato rilevanti ricchezze senza essere al corrente della formula segreta. Da tali fatti deduco che essa è molto più importante, per la realizzazione personale, di qualsiasi altra nozione che ci sia stata insegnata.

Di tanto in tanto, il segreto a cui faccio riferimento affiorerà con forza sulla pagina, purché siate pronti a coglierlo! Quando apparirà, lo riconoscerete. Non è importante individuarlo alla prima o all'ultima pagina, basta che, non appena ne intuiate l'indizio, vi fermiate un attimo a girare la clessidra, perché ciò segnalerà un punto di svolta nella vostra vita.

Proseguendo la lettura, ricordate inoltre che in questo libro presento fatti e non fantasie, dato che il suo obiettivo consiste nel comunicare una verità universale in virtù della quale chi è pronto imparerà *cosa* fare e *come* farlo!

Un ultimo consiglio prima di lasciarvi al capitolo iniziale. Voglio suggerirvi un indizio per riconoscere il segreto di Carnegie: *ogni realizzazione personale e ogni ricchezza guadagnata nascono da un'idea!* Se siete pronti per il magico segreto, già ne possedete la metà; pertanto, saprete individuare l'altra metà nel momento in cui colpirà la vostra mente.

Napoleon Hill

I

I PENSIERI SONO COSE

L'UOMO CHE "PENSÒ"
DI ENTRARE IN SOCIETÀ
CON THOMAS A. EDISON

I pensieri sono veramente cose, e per giunta potenti, specie se li si abbina alla chiarezza di intenti, alla tenacia e al desiderio ardente di tradurli in ricchezze o altri oggetti materiali.

Alcuni anni fa, Edwin C. Barnes scoprì la verità dell'assunto per cui si arricchiscono gli uomini che sanno pensare. La sua scoperta non fu naturalmente l'esito di una singola riflessione: si svelò poco alla volta, muovendo dal suo intenso desiderio di divenire socio d'affari del grande Edison, l'inventore.

Una delle caratteristiche dell'intenzione di Barnes era la *chiarezza*: egli non voleva lavorare *per* Edison ma *con* Edison. Leggete attentamente come fece a trasformare in realtà questo desiderio e capirete meglio uno dei princìpi che portano al successo.

Quando avvertì per la prima volta quest'impulso mentale, egli non era in grado di metterlo in pratica perché gli si frapponevano due ostacoli: non conosceva personalmente l'inventore e non aveva abbastanza denaro per pagare il biglietto ferroviario onde recarsi fino a Orange, nel New Jersey.

Due difficoltà che avrebbero scoraggiato la maggioranza degli uomini dal fare un minimo tentativo, ma il suo non era un desiderio normale!

L'inventore e il "vagabondo"

Barnes si presentò al laboratorio di Edison e gli enunciò la sua intenzione di entrare in affari con lui. Anni dopo, raccontando il loro primo incontro, l'inventore disse:

«Stava di fronte a me e aveva tutto l'aspetto di un vagabondo, *ma c'era qualcosa nella sua espressione che mi diceva quanto fosse determinato ad avere ciò per cui era venuto.* In anni di rapporti interpersonali, avevo appreso che quando un uomo vuole veramente una cosa, fino in fondo, tanto da mettere in gioco in un attimo tutto il suo futuro, la otterrà di sicuro. Gli diedi l'occasione che cercava *perché avevo capito che era deciso a non muoversi se non l'avesse avuta.* Gli eventi successivi hanno dimostrato che nessuno di noi due si sbagliava».

Forse non fu l'aspetto fisico a dare a quel giovanotto l'occasione, tutt'altro. Quello che contava era il suo modo di "pensare", ovvero la positiva disposizione mentale.

Ovviamente, Barnes non divenne socio di Edison fin dal primo incontro, ma ebbe l'opportunità di lavorare negli uffici dell'inventore, ricevendo inizialmente uno stipendio limitato.

Passarono i mesi. Apparentemente, non succedeva nulla che avvicinasse l'obiettivo tanto bramato da Barnes, *lo scopo della sua vita.* Tuttavia, stava accadendo qualcosa nella sua mente: cresceva il desiderio di farsi socio dell'impresa di Edison.

Gli psicologi dicono correttamente che «quando si è davvero pronti per una cosa, se ne assume l'aspetto». Barnes era preparato a entrare in società col grande inventore; inoltre, era deciso a tenere duro finché non avesse avuto ciò che voleva.

Non disse dentro di sé: «A cosa serve quello che faccio? Meglio cambiare idea e cercare un impiego da venditore», ma si disse: «Sono venuto qui per entrare in affari con Edison e ci riuscirò anche se dovessi metterci il resto della mia vita». *Ne era convinto!* Quante storie diverse ci sarebbero se gli uomini adottassero sempre la chiarezza di intenti e si attenessero allo scopo prestabilito per dargli tempo di diventare una vera ossessione!

Forse allora il giovane Barnes non lo sapeva, ma la sua ostinata determinazione, la sua tenacia nell'attenersi ad un unico desiderio da realizzare era destinata ad abbattere ogni ostacolo e ad offrirgli l'occasione che cercava.

Occasioni ben mascherate

Quando si presentò, l'opportunità aveva un senso e una forma diversi da quelli che si attendeva Barnes. È uno dei tranelli delle occasioni: di solito, infatti, esse hanno l'abitudine di insinuarsi da una porta secondaria, spesso mascherandosi da svantaggi o temporanee sconfitte. Questo è forse il motivo per cui molti non riescono a riconoscerle.

Edison aveva appena perfezionato una nuova macchina per l'ufficio, a cui si diede il nome di dittafono. I suoi venditori non ne erano entusiasti poiché ritenevano che fosse difficile piazzarla. Barnes intravide la sua occasione che si introduceva di soppiatto, celata dietro quella macchina dallo strano aspetto che non interessava a nessuno, eccezion fatta per lui e l'inventore.

Barnes sapeva di poter vendere il dittafono, lo disse apertamente a Edison, che gli diede l'occasione di dimostrarlo. Caspita se lo vendette! In realtà, ci ricavava tanti utili che l'inventore firmò un contratto con lui, cedendogli la distribuzione e la commercializzazione della macchina in tutto il paese. Adesso erano soci e Barnes poté arricchirsi, senonché, in questo modo fece anche qualcosa di molto più grande: provò che è possibile "pensare e arricchire se stessi".

Quanti soldi Barnes abbia effettivamente ricavato con la realizzazione del suo desiderio mi è ignoto e non ho la possibilità di saperlo. Due o tre milioni di dollari, forse, ma la cifra, quale che sia, è irrilevante se la paragoniamo alla cognizione suffragata secondo cui *si può trasformare un intangibile impulso mentale in ricompense materiali* mediante l'applicazione di determinati princìpi.

Barnes *pensò* letteralmente di entrare in società col grande Edison! Immaginò come attivarsi per diventare ricco. Non aveva nulla da cui iniziare, se non la consapevolezza di ciò che desiderava e la decisione di atternervisi finché non lo avesse conseguito.

A un metro dall'oro

Una delle ragioni più comuni dei fallimenti personali è il difetto di rinunciare davanti alle *sconfitte temporanee*. Ognuno di noi commette, prima o poi, questo errore.

Durante la corsa all'oro, anche uno zio di R.U. Darby fu preso da quella "febbre" e si trasferì nell'ovest per scavare e diventare ricco. Non aveva mai sentito dire che *è sempre stato estratto più oro dai pensieri umani che dalle viscere della terra*. Egli agì a modo suo, dotandosi di pala e piccone.

Dopo alcune settimane di lavoro, venne ricompensato dalla scoperta del luccicante minerale. Gli servivano altri macchinari per portarlo alla superficie: dunque, nascose la cava per cautelarsi e tornò verso casa, a Williamsburg, nel Maryland, rivelando il "colpo" ai parenti e ad alcuni amici. Misero assieme i soldi necessari per acquistare le macchine e poi le imbarcarono. Lo zio e Darby tornarono quindi alla miniera.

Il primo vagone del minerale fu estratto e spedito a una fonderia. La resa dimostrò che avevano trovato una delle miniere più ricche del Colorado! Qualche altro vagone del minerale e avrebbero potuto rifondere tutti i debiti. In seguito sarebbero arrivati utili a volontà.

Le trivelle scavavano instancabilmente! Le speranze di Darby e dello zio si rafforzavano sempre più, ma poi accadde qualcosa: scomparve la vena del minerale aurifero. Con la riserva d'oro, svaniva anche la loro illusione. Continuarono a scavare, cercando disperatamente di ritrovare la vena, ma non ci riuscirono.

Infine, decisero di *rinunciare*.

Vendettero le macchine ad un rigattiere per poche centinaia di dollari e tornarono a casa in treno. Il rigattiere si rivolse a un ingegnere minerario, commissionandogli alcuni calcoli da eseguire sulla cava. Secondo l'ingegnere, il progetto era fallito perché i proprietari ignoravano la "linea delle faglie". In base ai suoi calcoli, la vena sarebbe ripresa *ad appena un metro da dove avevano smesso di scavare i Darby!* Infatti, la ritrovarono proprio a quella profondità.

Il rigattiere ricavò milioni di dollari dalla miniera d'oro perché fu così saggio da chiedere il consiglio di un esperto prima di abbandonare il progetto.

"Non mi fermerò mai
solo perché gli altri mi rifiutano"

Molto tempo dopo, R.U. Darby recuperò le perdite subìte e fece grandi affari *scoprendo* che il desiderio può essere trasformato in oro. Fece la scoperta quando aveva già iniziato la carriera di assicuratore nel ramo vita.

Consapevole di aver sprecato una grande fortuna per essersi fermato a un metro dall'oro, mise a frutto l'esperienza nel nuovo lavoro dicendo semplicemente a se stesso: «Mi sono arrestato a un metro dalla fortuna, ma ora non smetto mai *se un cliente rifiuta* quando gli chiedo di comprare una polizza».

Darby divenne uno dei pochi assicuratori a vendere ogni anno più di un milione di dollari di polizze. Doveva la sua "tenacia" alla lezione appresa dall'"incostanza" nel caso della miniera d'oro.

Prima che gli arrida il successo, ogni uomo può essere sicuro di andare incontro a temporanee battute d'arresto o veri e propri fallimenti. Quando si è sconfitti, sembra che la cosa più logica sia cambiare strada, rinunciare al progetto. Così si comporta la maggioranza della gente.

Più di cinquecento persone di successo mi hanno detto di essere riusciti spesso in ciò che facevano appena un *passo dopo* essere stati sconfitti. Il fallimento è un burlone con acuto senso dell'ironia e dell'inganno: si diverte a imbrogliarci quando il successo è alla nostra portata.

Una lezione di tenacia per cinquanta centesimi

Poco dopo aver ricevuto la laurea all'"università delle sconfitte", Darby decise di trarre profitto dalla sfortunata esperienza della miniera d'oro ed ebbe la fortuna di essere presente nella circostanza in cui si dimostrò che un "no" non significa necessariamente no.

Una volta, stava aiutando lo zio a macinare il grano in un vecchio mulino. L'uomo aveva una grande fattoria dove abitava anche un certo numero di mezzadri di colore. La porta si aprì lentamente e apparve una bambina nera, figlia di un mezzadro, che entrò e si fermò sulla soglia.

Lo zio la aggredì subito: «Che cosa vuoi?»

La bimba rispose intimidita: «La mia mamma dice che vuole cinquanta centesimi».

«Neanche per sogno», replicò lui con tono sgarbato. «Adesso vai subito a casa».

«*Sì, signore*», esclamò la piccola, *ma non si mosse.*

Lo zio continuò il lavoro, era talmente impegnato che non fece alcuna attenzione alla ragazzina che non se ne andava. Quando risollevò gli occhi e la vide ancora lì, la sgridò: «Ti ho detto di andare a casa! Vacci o ti do una frustata!»

La bambina diceva: «Sì, signore», *ma non si muoveva.*

Allora, lo zio posò a terra la balla di grano che stava per versare nella tramoggia del mulino, prese una daga e si diresse verso la piccola con un'espressione che non prometteva niente di buono.

Darby trattenne il fiato, certo che lo zio l'avrebbe bastonata con la daga. Sapeva che era collerico.

Quando l'uomo raggiunse la porta, la bambina fece un passo in avanti, lo guardò negli occhi e urlò con quanta voce aveva in corpo: «*La mamma deve avere cinquanta centesimi!*»

Lo zio si fermò, la guardò per un attimo, poi lasciò cadere il bastone in terra, si mise una mano in tasca, ne estrasse mezzo dollaro e lo consegnò alla bambina.

Questa prese il soldo e arretrò per uscire senza mai togliere gli occhi di dosso dall'uomo *che aveva appena sottomesso*. Dopo che se ne fu andata, lo zio si sedette su una cassa e fissò nel vuoto, fuori della finestra, per più di dieci minuti. Stava riflettendo sulla frustata che aveva appena ricevuto.

Anche R.U. Darby meditò sul caso. Era la prima volta che vedeva una bambina di colore *dominare* chiaramente un bianco adulto. Come aveva fatto? Cos'era successo a suo zio da fargli perdere la baldanza e renderlo docile come un agnellino? Di quale strano potere si servì la ragazzina per gestire la situazione? Questi e altri interrogativi occupavano la mente di Darby, anche se la risposta la trovò solo parecchi anni dopo, quando mi raccontò la storia.

Stranamente, mi narrò l'insolita esperienza nel vecchio mulino, nello stesso posto dove lo zio ricevette la lezione.

Lo strano potere di una bambina

Mentre ci trovavamo in quel posto ammuffito, Darby mi raccontò l'insolita conquista finendo col chiedermi: «Che cosa ne deduce? Quale strano potere usò la bambina per dare una lezione talmente sonora a mio zio?»

Troverete la risposta a questo quesito nei princìpi descritti nelle pagine seguenti, una risposta completa ed esauriente, con le istruzioni sufficienti per permettere a ognuno di capire e applicare la stessa forza usata dalla bambina.

Tenete la mente attiva e comprenderete esattamente il potere che venne in soccorso a quella bimba. Forse lo intuirete leggendo il prossimo capitolo, o le successive pagine del libro, magari sotto forma di un'idea che acuisce le vostre facoltà mentali, mettendo a vostra disposizione questa forza irresistibile. La consapevolezza di averla può colpirvi nel primo capitolo o balenarvi in mente in quelli successivi. Potrebbe assumere la forma di una singola idea, di un piano organizzato o di un obiettivo da fissare. Oppure, potrebbe farvi rivivere le passate esperienze negative (sconfitte e fallimenti), facendo emergere una lezione che, appresa, vi farà riguadagnare ciò che avete perso in tali sconfitte.

Dopo che gli ebbi spiegato il potere usato inconsciamente dalla bambina di colore, Darby ripensò ai suoi trent'anni di esperienza come assicuratore e riconobbe sinceramente che il suo successo era dovuto essenzialmente alla lezione appresa da lei.

Mi disse: «Ogni volta che un cliente cercava di intimidirmi e cacciarmi senza comprare, rivedevo la bimba che non si muoveva dal vecchio mulino e spalancava gli occhi con aria di sfida; allora, dicevo dentro di me: "Devo assolutamente concludere questo contratto". La miglior parte delle vendite che ho realizzato le ho concluse dopo che i clienti mi avevano rifiutato».

Si ricordava anche dell'errore commesso quando si erano fermati ad appena un metro dall'oro. «Tuttavia», aggiunse, «a pensarci bene, quell'esperienza è stata un vantaggio, benché fosse ben mascherato. Mi insegnò a *essere tenace* malgrado le difficoltà che incontravo, *a insistere* fino a imparare la lezione di cui avevo bisogno per riuscire in qualsiasi attività».

La storia di Darby e di suo zio, della bambina di colore e della miniera d'oro, verrà senz'altro letta da centinaia di venditori di assicurazioni: a tutti questi, mi pregio far osservare che Darby deve a queste due esperienze la sua abilità nel vendere ogni anno più di un milione di dollari in assicurazioni sulla vita.

Le due esperienze vissute da Darby erano abbastanza comuni e semplici, eppure contenevano la risposta al destino della sua vita; quindi, per lui erano altrettanto importanti della sua esistenza. Imparò la lezione perché *la analizzò* e scoprì come applicare l'esperienza. Ma cosa può fare un uomo che non ha il tempo né l'inclinazione per studiare i suoi fallimenti onde estrapolarne i princìpi che lo porteranno al successo? Dove e in che modo apprenderà l'arte che consiste nel tradurre le sconfitte in occasioni migliori?

È per rispondere a questi interrogativi che ho scritto il libro.

Tutto quello che vi serve è un'idea valida

La risposta comporta la spiegazione di tredici princìpi fondamentali, ma ricordate che potreste trovare quella che fa per *voi* (il che vi indurrà a meditare sulla stranezza della vita) sotto forma di un'idea, un progetto o uno scopo che vi colpisce la mente mentre leggete.

Un'idea valida è tutto ciò che serve per raggiungere il successo. I princìpi descritti in questo volume integrano metodi e strumenti per avere idee utili.

Prima di proseguire verso la descrizione di tali nozioni fondamentali, ritengo abbiate il diritto di ricevere questo importante suggerimento...

Quando cominciano ad arrivare le ricchezze, lo fanno così in fretta e in tale copia che ci si chiede dove fossero nascoste in tutti i precedenti anni di privazioni.

Questa frase è stupefacente, tanto più se la mettiamo a confronto con la credenza popolare secondo cui i soldi spettano solo a chi lavora duro e a lungo.

Se sapete pensare per arricchirvi, vedrete invece che la ricchezza inizia da uno stato mentale, dalla chiarezza di intenti, e non dipende dal lavoro, se non in minima parte. Voi, o chiunque altro, dovreste essere interessati a imparare come acquisire lo stato mentale che attira le ricchezze. Ho eseguito una ricerca più che ventennale perché anch'io volevo sapere "in che modo gli uomini ricchi diventano tali".

Non appena saprete gestire i princìpi di questa filosofia pratica, seguite le istruzioni per metterli in atto e vedrete come migliorerà in fretta la vostra posizione finanziaria: tutto ciò che toccherete si trasformerà in beni e vantaggi personali. Impossibile? Nient'affatto!

Uno dei difetti più evidenti di molte persone è la frequenza con cui usano la parola "impossibile". Conoscono tutti i metodi per non far funzionare le cose, tutte le cose che non devono essere fatte. Per converso, questo libro è stato scritto a favore di coloro che, cercando le regole che hanno beneficiato altre persone, sono disposti a *scommettere* su tali regole.

Il successo arride a coloro che ne diventano consapevoli.

L'insuccesso capita a chi si lascia scivolare con indifferenza nella consapevolezza del fallimento.

Con quest'opera mi prefiggo di aiutare tutti quelli che vogliono apprendere a cambiare mentalità: dalla consapevolezza della sconfitta a quella della vittoria.

Un altro difetto comune a molte persone è l'abitudine di misurare tutto in base alla *proprie* credenze e impressioni. Alcuni lettori ritengono di non potersi arricchire perché hanno una radicata disposizione mentale che li induce a soffermarsi su pensieri di povertà, bisogno, tristezza, fallimento e sconfitta.

Mi fanno tornare in mente un famoso cinese che venne negli Stati Uniti per studiare il modo di vita americano. Frequentava l'università di Chicago; un giorno, il rettore Harper lo incontrò in facoltà, si fermò a parlare con lui e gli chiese quale pensava fosse la caratteristica più evidente degli americani.

«Ma è chiaro», esclamò lo studente orientale, «il taglio obliquo dei vostri occhi. Sono così strani!»

Che cosa diciamo noi dei cinesi?

Rifiutiamo di credere a ciò che non comprendiamo. Siamo convinti che i nostri limiti siano la misura dei limiti altrui. Certo, gli altri hanno occhi "a mandorla" perché sono diversi dai nostri.

L'"impossibile" motore Ford V-8

Quando decise di produrre il celebre motore V-8, Henry Ford voleva che tutti gli otto cilindri fossero fusi in un unico blocco: gli ingegneri ricevettero istruzioni per preparare un progetto adatto. Lo disegnarono, ma tutti erano convinti che fosse *impossibile* fondere in un unico pezzo un motore a otto cilindri.

Ford disse: «Producetelo ugualmente!»

«Ma come», risposero all'unisono, «non è possibile!»

«Procedete», ordinò il grande industriale, «e non fermatevi finché non ci siete riusciti, indipendentemente dal tempo che ci vuole».

Gli ingegneri proseguirono le prove. Passarono sei mesi senza che accadesse nulla. Altri sei mesi senza risultati. I tecnici mettevano alla prova tutti i progetti concepiti dagli ingegneri, ma il motore non ne voleva sapere di funzionare. Sembrava *impossibile*.

Alla fine dell'anno, Ford chiamò a rapporto gli ingegneri che lo informarono di non aver trovato il modo di eseguire il suo ordine.

«Continuate», disse Ford. «Lo voglio e lo avrò».

Obbedirono e poi, come per magia, fu scoperto il segreto.

La determinazione di Ford l'ebbe vinta ancora una volta!

Forse non ho esposto la storia nella precisione dei dettagli, ma nella sostanza è corretta e spiega quello che avvenne. Voi che volete arricchirvi, riflettete e traetene le conseguenze: qui sta il segreto dei milioni guadagnati da Ford. Semplice, vero?

Ford ha avuto successo perché aveva capito e *applicato* i princìpi che servono per averlo, fra cui la tenacia del desiderio, che equivale a sapere bene ciò che si vuole. Proseguendo nella lettura, non dimenticate questa storia e semmai tornateci sopra per fissare in mente il segreto delle stupende realizzazioni di Ford. Se siete in grado di farlo, assimilerete i princìpi che lo hanno reso ricco, potendo così eguagliare il suo successo in qualsiasi cosa facciate.

Perché siamo "padroni del nostro destino"

Quando Henley scrisse i versi profetici: «Sono padrone del mio destino, il capitano della mia anima»[1], avrebbe dovuto informarci che ciò vale per tutti; anche noi siamo padroni del nostro destino, capitani della nostra anima, *dato che* abbiamo la possibilità di controllare i nostri pensieri.

Henley avrebbe dovuto dirci che il nostro cervello si sintonizza sui pensieri che dominano la mente per mezzo di "calamite" che non conosciamo e che attraggono verso di noi le forze, le persone e le occasioni che si armonizzano con la natura dei nostri pensieri *dominanti*.

Avrebbe dovuto precisare che, prima di accumulare grandi ricchezze, dovremmo magnetizzare la mente col desiderio intenso di arricchirci, "sensibilizzandoci al denaro" finché tale desiderio non ci induce a concepire progetti per realizzarlo.

Tuttavia, dal momento che era un poeta e non un filosofo, Henley si accontentò di esporre una grande verità in forma poetica, lasciando ai lettori l'interpretazione del senso filosofico dei suoi versi.

Poco alla volta, la verità si è svelata, tanto che ora appare accertato che i princìpi descritti in questo libro includono il segreto per gestire il nostro destino economico.

---

[1] William Ernest Henley (1849-1903), poeta e scrittore inglese, esaltatore della civiltà britannica, amico e collaboratore di Robert Louis Stevenson [N.d.t.].

I princìpi che possono trasformare il nostro destino

Prenderemo ora in esame il primo di tali princìpi. Leggendo, tenete la mente aperta e ricordate che essi non sono un'invenzione, ma regole dimostratesi valide per molti. Anche voi potete farli fruttare a vostro vantaggio.

E vedrete che sarà facile farlo, tutt'altro che difficile.

Parecchi anni fa, fui incaricato di presentare la cerimonia del conferimento delle lauree al Salem College (West Virginia). Misi l'accento sul principio descritto nel prossimo capitolo con tale enfasi che uno degli studenti in procinto di laurearsi volle integrarlo nella sua filosofia di vita. Questo giovanotto divenne poi membro del Congresso e uno dei consiglieri più ascoltati nell'amministrazione del presidente Franklin Delano Roosevelt. In seguito, mi scrisse una lettera in cui delineava così bene la sua opinione sul principio che descriverò da indurmi a riportarla qui, come introduzione al prossimo capitolo.

In questo modo, potete già immaginare le ricompense che riceverete.

Caro Napoleon,

poiché la mia attività come membro del Congresso mi ha dato l'occasione di venire a conoscenza dei problemi dei nostri concittadini, ti scrivo per offrire un consiglio che potrebbe essere utile a migliaia di uomini di buona volontà.

Nel 1922, quando ero ancora uno studente al Salem College, hai pronunciato tu il discorso per il conferimento delle lauree. Allora, crebbe in me l'idea di poter assumere la responsabilità che detengo ora – servire la gente del mio paese – e di poter puntare a qualsiasi successo futuro.

Ricordo come se fosse ieri la tua meravigliosa descrizione del metodo di lavoro di Henry Ford il quale, con scarsa istruzione, senza un dollaro e senza amici influenti, riuscì a elevarsi a grandi imprese. Fu allora che decisi che avrei ritagliato un posto al sole anche per me, quali che fossero gli ostacoli da superare.

Anche quest'anno, e nei prossimi anni, migliaia di giovani finiranno i loro studi. Ognuno di loro vorrebbe ricevere l'incoraggiamento pratico da me ricevuto. Vogliono sapere come comportarsi, cosa fare per iniziare la loro vita. Tu puoi spiegarlo a loro, perché hai già contribuito a risolvere i problemi di tantissime persone.

Oggi ci sono in America molti individui che, dovendo cominciare da zero, senza aiuti finanziari, o riprendersi dai debiti e dalle perdite subite, vorrebbero sapere come convertire le idee in denaro. Se c'è qualcuno che può aiutarli, sei tu.

Se pubblicherai questo libro, mi piacerebbe possederne la prima copia che esce dalla stampa, da te personalmente autografata.

Tanti auguri e cordiali saluti.

Jennings Randolph

Trentacinque anni dopo quel discorso, nel 1957, è stato per me un vero piacere tornare al Salem College per pronunciare la prolusione di inaugurazione dell'anno accademico. Nello stesso tempo, mi è stata conferita la laurea *honoris causa* in Letteratura.

Dal 1922 ho potuto osservare la scalata di Jennings Randolph: prima dirigente esecutivo della principale compagnia aerea nazionale, poi grande conferenziere motivazionale e infine senatore per lo Stato del West Virginia.

LA MENTE UMANA
può
REALIZZARE
tutto quanto può
CONCEPIRE
e
CREDERE

II

IL DESIDERIO

Più di cinquant'anni fa, quando arrivò a Orange scendendo dal treno merci, Edwin C. Barnes assomigliava a un pezzente, ma i suoi pensieri erano quelli di un re!

Uscendo dalla stazione ferroviaria, mentre si dirigeva verso gli uffici di Edison, la sua mente era già al lavoro. Si vedeva *in piedi, davanti* al grande inventore; immaginava di chiedergli l'occasione per realizzare il sogno della propria vita, il desiderio ardente di diventare suo socio d'affari.

Il desiderio di Barnes non era una *speranza*! Non era una *vaga aspirazione*! Ma una voglia acuta, vitale, che trascendeva ogni altra cosa. Era preciso.

Alcuni anni dopo, Barnes si trovò di nuovo davanti a Edison, nello stesso ufficio del loro primo incontro. In quel momento, il suo desiderio si era già avverato. *Era in affari con l'inventore*: il sogno della sua vita si era trasformato in realtà.

Barnes ci era riuscito perché aveva scelto un obiettivo preciso, vi aveva profuso tutte le sue energie, tutta la sua forza e ogni altro potere a sua disposizione.

L'uomo che bruciava i ponti dietro di sé

Passarono cinque anni prima che Barnes ebbe l'opportunità tanto attesa e cercata. Per tutti, tranne se stesso, lui era solo un piccolo ingranaggio nella grande ruota d'affari di Edison; eppure, nella propria mente, si riteneva suo socio d'affari fin dal primo minuto della collaborazione con l'inventore.

Una straordinaria dimostrazione del potere di un desiderio preciso e intenso. Barnes conseguì il suo obiettivo perché voleva diventare socio di Edison più di qualsiasi altra cosa nella vita. Mise a punto un piano grazie al quale realizzare l'obiettivo e bruciò tutti i ponti dietro di sé. Rimase fedele a tale desiderio fino a farlo diventare realtà.

Quando arrivò a Orange, disse a se stesso: «Vedrò Edison e gli farò sapere che voglio entrare in affari con lui».

Non pensò assolutamente: «Terrò gli occhi aperti su altre eventuali occasioni nel caso fallissi nel mio scopo», ma si disse: «Vi è un'unica cosa al mondo che desidero e sono deciso ad avere: mettere in piedi una società con Edison. Brucerò tutti i ponti dietro di me, giocandomi il futuro in base alla mia capacità di ottenere ciò che voglio».

Non lasciò aperta nessuna possibilità di ritirata. Era una questione di vita o di morte!

Questa è la morale della storia di successo di Barnes!

L'incentivo che sprona alle ricchezze

Molto tempo fa, un grande guerriero affrontò una situazione che lo obbligò ad assumere una decisione per assicurarsi il successo in battaglia. Stava per lanciare il suo esercito contro un potente nemico, che aveva molti più soldati. Lui imbarcò le sue truppe, fece vela verso il paese nemico, sbarcò i suoi soldati e il loro equipaggiamento, diramando poi l'ordine di bruciare tutte le imbarcazioni. Rivolgendosi ai suoi uomini prima della battaglia, disse loro: «Vedete bene che le barche sono in fumo. Ciò significa che non possiamo più andarcene vivi da queste sponde, se non in caso di vittoria! Non abbiamo scelta: *vincere o morire!*»

Vinsero.

Chiunque voglia riuscire in un'impresa deve essere disposto a bruciare le navi o tagliare i ponti per impedirsi ogni possibilità di tornare sui suoi passi. Solo comportandosi così può essere certo di conservare lo stato mentale detto "ardente desiderio di riuscire", che è un principio essenziale del successo.

La mattina dopo il grande incendio di Chicago (1871), un gruppo di commercianti stazionava in State Street e osservava i resti fumanti di quelli che erano stati i loro negozi. Si riunirono per decidere se impegnarsi nella ricostruzione o lasciare la città per ricominciare in un altro posto della nazione. Tutti, tranne uno, decisero di lasciare Chicago.

Il commerciante che optò per la permanenza puntò il dito contro le macerie del suo negozio e disse: «Signori, costruirò su questo stesso punto il più grande magazzino del mondo, anche se dovessero ancora radermelo al suolo».

Questo accadeva quasi un secolo fa. Marshall Field, questo il nome del commerciante, ricostruì la bottega, che oggi campeggia in forma di grande magazzino, monumento alla forza dello stato mentale noto col nome di desiderio ardente. Per lui sarebbe stato assai più semplice fare quello che avevano deciso i suoi colleghi. Quando il gioco era duro, e l'avvenire appariva buio, essi rinunciarono e si trasferirono dove il gioco sembrava più agevole.

Notate bene la differenza fra il comportamento di Field e quello dei suoi colleghi perché è la stessa differenza che distingue tutti quelli che hanno successo da quelli che falliscono.

Ogni essere umano che raggiunge l'età della ragione e comprende il valore del denaro desidera averlo. Ma, da sola, la vaga *aspirazione* non arricchisce. *Desiderare* la ricchezza con una disposizione mentale che la fa diventare un'ossessione, corredata di progetti precisi per acquisirla, sostenuti dalla tenacia che non *riconosce i fallimenti*, favorisce l'arricchimento personale.

Sei modi per trasformare i desideri in oro

Il metodo per tramutare il *desiderio* di ricchezza nel suo equivalente finanziario consiste in sei precise fasi pratiche:

1. Stabilite *esattamente* la quantità di denaro che volete. Non basta dire: «Desidero avere un sacco di soldi». Siate precisi sull'ammontare. (Sotteso a questa fase vi è un motivo psicologico che descriveremo in un prossimo capitolo).

2. Determinate con precisione ciò che intendete *dare* in cambio del denaro che desiderate. (Nella realtà, non si ottiene mai qualcosa senza concedere nulla).

3. Fissate la scadenza entro cui intendete *possedere* la somma di denaro.

4. Concepite un progetto dettagliato per realizzare il vostro desiderio e cominciate *subito*, anche se non siete pronti, a metterlo in *pratica*.

5. Elaborate e mettete per iscritto una frase chiara e concisa contenente l'ammontare finanziario che volete avere, la scadenza entro cui acquisirlo, ciò che siete disposti a dare in cambio e il progetto con cui intendete accumularlo.

6. Leggete la frase a voce alta, due volte al giorno, di sera prima di coricarvi e alla mattina subito dopo esservi alzati. Mentre leggete, immaginatevi, sentitevi e credete di essere già in possesso della cifra stabilita.

È importante che seguiate le istruzioni di queste sei fasi, specie quelle finali. Forse non siete convinti che sia possibile "immaginarvi in possesso della cifra" prima di possederla, ma qui vi soccorrerà il vostro *desiderio ardente*. Se volete davvero arricchirvi al punto da trasformare la voglia in ossessione, non avrete difficoltà a persuadervi di poterci riuscire. L'obiettivo è il denaro, ed essere determinati ad averlo, tanto da *convincersi* di essere in grado di realizzare il desiderio.

Riuscite a immaginarvi milionari?

Per i non iniziati, coloro che non conoscono i princìpi operativi della mente umana, le istruzioni delle sei fasi potrebbero apparire poco pratiche. A chi non riesce a cogliere la loro praticità, però, potrebbe essere utile sapere che esse sono state attinte direttamente da Andrew Carnegie, il quale aveva iniziato come semplice operaio d'acciaieria, riuscendo col tempo e con la loro applicazione a farle fruttare, fino ad accumulare una fortuna che supera ampiamente i cento milioni di dollari.

Vale inoltre la pena notare che le sei fasi citate vennero attentamente vagliate pure dal compianto Thomas Edison, che diede la sua approvazione alla loro applicazione, considerandole non solo essenziali per l'arricchimento personale ma anche per il conseguimento di qualsiasi scopo.

Le fasi non richiedono un "duro lavoro". Non implicano sacrifici, non pretendono che si diventi ridicoli, o creduloni. Per applicarle non ci vogliono anni di istruzione scolastica. Tuttavia, ci vuole una sufficiente *fantasia* per capire che l'accumulo del denaro non può essere lasciato alla fortuna o alle occasioni favorevoli. Occorre rendersi conto che tutti quelli che si sono arricchiti si sono impegnati in via preliminare a sognare, sperare, desiderare, volere e progettare *prima* di intascare i soldi.

Perciò, sappiate fin d'ora che non sarete mai molto ricchi *se non con la previa* elaborazione di un desiderio ardente di accumulare denaro e con la *convinzione* di poterlo possedere.

Il potere dei grandi sogni

Noi che siamo impegnati nella corsa alle ricchezze dovremmo essere incoraggiati dal fatto che questo mondo in continuo mutamento richiede nuove idee, nuove tecniche, nuovi capi, nuove invenzioni, nuovi metodi didattici, nuovi libri, nuovi modi di commercializzazione, nuova letteratura, nuovi programmi televisivi, nuove idee teatrali e cinematografiche. Sottesa a questa domanda di rinnovamento e miglioramento, vi è una qualità che dobbiamo possedere per vincere la corsa: la *chiarezza di intenti*, la conoscenza di ciò che si desidera e il *desiderio* ardente di possederlo.

Noi che desideriamo arricchirci dovremmo ricordare che i veri capi del mondo sono sempre stati gli uomini che hanno messo in pratica e sfruttato le forze immateriali delle occasioni allo stato latente, convertendo queste forze (o impulsi mentali) in grattacieli, città, fabbriche, aeroplani, automobili e tutte le altre comodità che rendono piacevole la vita.

Nel tentativo di accaparrarvi le ricchezze, non permettete a nessuno di indurvi a beffeggiare i sognatori. Per vincere la corsa in questo mondo mutevole, dovete assimilare lo spirito dei grandi pionieri del passato che, coi loro sogni, hanno dato alla civiltà tutto ciò che vi è di prezioso, lo spirito che è la linfa vitale del nostro paese: l'opportunità di sviluppare e mettere a disposizione i propri talenti.

Se la cosa che desiderate è giusta, e *ci credete*, procedete e agite in base a essa! Realizzate il vostro sogno e non ascoltate ciò che dice la "gente", anche se andrete incontro a una momentanea sconfitta, perché forse "loro" non sanno che ogni fallimento incorpora il seme di un successo equivalente.

Edison sognò una lampadina elettrica, iniziò a mettere in pratica il suo sogno e, nonostante *diecimila esperimenti falliti*, tenne fede all'idea e la fece diventare realtà concreta. I sognatori con un fine pratico *non rinunciano facilmente!*

Whelan sognò una catena di tabaccherie, trasformò la visione in azione pratica e oggi la United Cigar Stores occupa i migliori angoli di strada di tutti gli USA.

I fratelli Wright sognarono un apparecchio che potesse volare nel cielo: adesso, possiamo vedere in tutto il mondo che il loro sogno era fondato.

Marconi sognò un sistema per usare le forze intangibili dell'etere. La prova che non era un visionario sono le radio e le televisioni del mondo. Forse vi piacerebbe sapere che i suoi "amici" lo fecero rinchiudere in manicomio quando annunciò che aveva scoperto il principio grazie al quale inviava messaggi attraverso l'etere senza servirsi di fili o altri mezzi fisici di comunicazione. I sognatori odierni non devono quindi lamentarsi.

Il mondo attuale, infatti, è gremito di occasioni che i sognatori del passato non hanno mai avuto.

Come far decollare i sogni

Il desiderio ardente di essere e agire è la rampa di lancio da cui deve decollare ogni sognatore. I sogni non nascono dalla pigrizia o dall'indifferenza, né dalla mancanza di ambizione.

Non dimenticate che tutti coloro i quali nella vita hanno successo muovono da un errore e sopportano lotte inenarrabili prima di "arrivare". Di solito, il punto di svolta per il successo si situa nel mezzo di una grande crisi, in cui la persona comprende il suo "altro io".

John Bunyan scrisse *Il viaggio del pellegrino*[1], una delle migliori opere della letteratura inglese, dopo esser stato rinchiuso in prigione e severamente punito a causa delle sue opinioni religiose eterodosse.

O. Henry scoprì il genio che sonnecchiava nel suo cervello dopo essere incorso in grandi disgrazie, fra cui il carcere a Columbus, in Ohio. Costretto così a fare la conoscenza del suo "altro io" e a impiegare la sua fantasia, si accorse di essere un grande autore, anziché un reietto e un miserabile delinquente.

Charles Dickens incollava le etichette sulle scatole del lucido per scarpe. La tragedia del suo primo amore lo sconvolse nell'anima e lo trasformò in uno dei più grandi scrittori del mondo. Da ciò nacquero

---

[1] Trad. it. Gribaudi, Milano 1985[2].

David Copperfield e le altre memorabili opere che arricchiscono la vita di chiunque le legga.

Helen Keller divenne sorda, muta e cieca subito dopo la nascita. Nonostante tale disgrazia, il suo nome resta indelebile nelle pagine della storia dei grandi conferenzieri. La sua vita è la dimostrazione che *nessuno è sconfitto se non accetta di esserlo nella realtà.*

Robert Burns era un ragazzo di campagna, analfabeta. Inoltre, la povertà lo costrinse a crescere fra gli ubriaconi; eppure, il mondo è migliore perché egli seppe imparare a rivestire i pensieri di immagini poetiche, piantando così una rosa dove in precedenza c'erano solo spine.

Beethoven era sordo e Milton cieco, ma i loro nomi vivranno in eterno perché essi seppero sognare e convertire i loro sogni in pensiero organizzato.

C'è una grande differenza fra il desiderare una cosa ed essere pronti a riceverla. Nessuno è *pronto* finché non *crede* di poterla conquistare; lo stato mentale che occorre è la *fede,* la *convinzione*, non la semplice speranza o il puro desiderio. Perciò, bisogna tenere sempre la mente aperta, avere una disposizione mentale positiva. Una mentalità chiusa non incentiva la fede, il coraggio e la convinzione.

Ricordate: per puntare in alto nella vita e arricchirsi non ci si deve sforzare più di quanto serva per accettare la povertà e l'infelicità. Un grande poeta ha enunciato questa verità universale con questi versi:

> Ho pattuito con la Vita un centesimo,
> E di più la Vita non pagherà,
> Per quanto mendichi la sera,
> Tirando le somme della mia piccola attività.
> Perché la Vita è un padrone giusto,
> Ti dà quel che chiedi,
> Ma una volta stabilito il compenso,
> Bisogna assolvere gli impegni.
> Ho lavorato per un salario da povero,
> Solo per imparare, sgomento,
> Che qualunque prezzo le avessi chiesto,
> La Vita me l'avrebbe corrisposto volentieri.

Il desiderio è più astuto di Madre Natura

Ho pensato che, per concludere nel modo più adatto questo capitolo, fosse mio dovere presentarvi una delle persone più particolari che abbia conosciuto. La vidi pochi minuti dopo la sua nascita: venne infatti alla luce senza orecchie; su mia esplicita domanda, i medici ammisero che il neonato sarebbe potuto rimanere sordomuto per tutta la vita.

Contestai l'opinione medica, dato che ne avevo il diritto: ero il padre del bambino. Anch'io mi feci un'idea di ciò che sarebbe accaduto, ma la espressi in silenzio, nel segreto del mio cuore.

Dentro di me sapevo che mio figlio, Blair, avrebbe udito e parlato. In che modo? Ero certo che ci doveva essere la maniera e sapevo che l'avrei trovata. Mi tornarono in mente le parole immortali del grande Emerson: «Ogni cosa vivente ci insegna la verità della fede. A noi spetta solo l'obbedienza. Abbiamo una guida: ascoltando in silenzio, udremo *la parola giusta*».

La parola giusta? Il *desiderio!* Più di ogni altra cosa desideravo che mio figlio non diventasse sordomuto. Mai ho abdicato a tale desiderio, nemmeno per un secondo.

Cosa potevo fare? In qualche modo, avrei procurato che la mia aspirazione ardente di veicolare il suono al cervello di Blair senza l'aiuto delle orecchie si trapiantasse nella sua mente.

Non appena fu abbastanza grande da collaborare, gli avrei trasmesso mentalmente il desiderio ardente di udire, che la natura, coi suoi metodi, avrebbe trasformato in realtà concreta.

Queste riflessioni avvenivano nella mia coscienza: non ne feci parola con nessuno. Rinnovavo tutti i giorni l'impegno che avevo preso con me stesso per non avere un figlio sordo e muto.

Mentre lui cresceva e cominciava a notare le cose attorno, ci accorgemmo che il suo udito non era del tutto assente. Quando raggiunse l'età in cui i bambini iniziano a parlare, non cercò di esprimere delle sillabe; senonché, le sue azioni tradivano una leggera percezione dei suoni. Tanto mi bastava! Ero convinto che, se poteva udire, anche minimamente, avrebbe sviluppato una capacità superiore col tempo. Poi successe qualcosa che rafforzò la mia speranza, anche se non mi aspettavo che avvenisse così.

Un "incidente" che cambiò una vita

Comprammo un grammofono. Ascoltando la musica per la prima volta, Blair era estatico e non tardò molto a impadronirsi dell'apparecchio. Una volta, fece girare un disco a ripetizione, senza stancarsi per quasi due ore, rimanendo fermo davanti al fonografo, *con i denti serrati al bordo del rivestimento.* Il significato di quest'azione, che poi divenne abitudinaria, ci fu spiegato anni dopo: infatti, non avevamo mai sentito parlare del principio di "conduzione ossea" del suono.

Poco dopo l'"incidente" del grammofono, mi resi conto che mio figlio mi udiva bene se gli parlavo con le labbra appoggiate al mastoide, l'osso collocato dietro il padiglione auricolare.

Avendo stabilito che sentiva bene il suono della mia voce, cominciai subito a trasferirgli mentalmente il desiderio di udire e parlare. Non ci misi molto a scoprire che gli piacevano le favole, per cui ne inventai alcune affinché sviluppasse dentro di sé la fiducia, la sicurezza, la fantasia e *l'acuto desiderio di intendere i suoni ed essere normale.*

C'era in particolare una storiella su cui mettevo l'accento, raccontandogliela ogni volta con una diversa coloritura e la cui morale era destinata a convincerlo che il suo problema fisico non era uno svantaggio, bensì un bene di grande valore. Nonostante a livello filosofico sapessi bene che ogni avversità reca in sé il germe di un vantaggio equivalente, se non maggiore, devo confessare che non avevo la minima idea di *come* il suo problema sarebbe mai potuto diventare un vantaggio.

La conquista del mondo con sei centesimi!

Ora, analizzando retrospettivamente l'esperienza, capisco che lo stupefacente risultato era dovuto alla *fede di mio figlio in me.* Non discuteva mai quello che gli dicevo. Riuscii a vendergli l'idea che avesse un netto *vantaggio* su suo fratello maggiore e ciò si sarebbe palesato in diversi modi. Per esempio, gli insegnanti scolastici, osservando che non aveva orecchie, avrebbero avuto maggiore attenzione nei suoi confronti, trattandolo con speciale cortesia. Cosa che fecero sempre. Lo convinsi inoltre che quando sarebbe stato abbastanza grande da vendere i giornali, avrebbe avuto un vantaggio sul fratello (che era già strillone provetto) perché la gente gli avrebbe dato una mancia superiore, dato che tutti potevano vedere quanto fosse bravo e volenteroso malgrado l'handicap fisico.

Quando aveva circa sette anni, mi diede la prova che il mio metodo di istruzione mentale cominciava a dare frutti. Erano mesi che ci chiedeva il permesso di vendere i giornali, ma sua madre non voleva ancora acconsentire.

Alla fine, Blair prese l'iniziativa. Un pomeriggio, quando lo lasciammo in casa con i domestici, scappò dalla finestra della cucina, aggrappandosi prima di balzare a terra, e agì per conto suo. Prese a prestito un capitale di sei centesimi dal calzolaio del quartiere, lo investì in quotidiani, che vendette; poi investì di nuovo i soldi e proseguì l'operazione economica fino a tarda sera. Dopo aver tirato le somme e restituito il capitale iniziale al suo banchiere (il calzolaio), gli rimanevano ben quarantadue centesimi di profitto. Tornando a casa, quella sera, lo trovammo a letto, profondamente addormentato, con le monetine strette nella mano.

Sua madre gli aprì la manina, prese i soldi e si mise a piangere. Niente meno! Mi sembrava che piangere per la sua prima vittoria fosse inappropriato; la mia reazione, infatti, fu diversa. Mi misi a ridere di cuore perché avevo capito che il mio sforzo di piantare nella sua mente la fiducia in se stesso era andato a buon fine.

Mia moglie aveva pensato a un bambino sordo che, nella sua prima avventura commerciale, si era arrischiato per le strade cittadine mettendo in pericolo la vita per tirar su un po' di soldi. Io, invece, pensavo a un piccolo uomo d'affari, coraggioso, ambizioso e sicuro di sé che aveva migliorato del cento per cento le sue qualità, dato che si era gettato nella mischia di sua iniziativa e aveva vinto. Ero contento perché ciò dimostrava che Blair possedeva risorse che lo avrebbero aiutato e accompagnato per tutta la vita.

Il bambino sordo che poté udire

Mio figlio superò le elementari e le medie, poi andò all'università senza poter ascoltare gli insegnanti, se non quando gli urlavano vicino. Ma non lo mandammo alla scuola differenziale, né gli permettemmo che imparasse il linguaggio dei segni. Volevamo che avesse una vita normale e facesse amicizia coi bambini normali, attenendoci a tale decisione anche se spesso ci costava animate discussioni coi funzionari scolastici.

Mentre frequentava il liceo, provò un apparecchio acustico elettrico, che però non gli servì a nulla.

Durante l'ultima settimana di università, accadde una cosa che segnò il punto di svolta della sua esistenza. Apparentemente per caso, venne in possesso di un altro apparecchio acustico elettrico, che gli avevano mandato in prova. Non lo testò subito, anche perché ancora deluso dall'esperienza precedente. Comunque, si decise a provarlo e, più o meno con indifferenza, se lo mise in testa, collegò la batteria e, all'improvviso, come per magia, il desiderio di tutta una vita divenne realtà! Poteva udire! Per la prima volta poté sentire bene, quasi come le persone normodotate.

Contentissimo per le nuove possibilità che si aprivano, corse verso il telefono, chiamò la madre e poté ascoltare perfettamente la sua voce. Il giorno dopo udì per la prima volta, alta e chiara, la voce dei professori che spiegavano la lezione. Poi poté conversare liberamente e a lungo con i compagni, senza obbligarli ad alzare il tono. Era davvero entrato in possesso di un nuovo mondo.

Il desiderio stava cominciando a distribuire i suoi dividendi, ma la vittoria non era ancora totale. Blair doveva trovare un modo preciso e pratico per trasformare il suo svantaggio in un *vantaggio equivalente*.

Il pensiero che opera miracoli

Quasi senza rendersi conto del significato di ciò che gli era appena accaduto, benché inebriato dalla scoperta del mondo sonoro, mio figlio scrisse una lettera al produttore dell'apparecchio acustico, descrivendo con entusiasmo la sua esperienza. Colpiti dalla missiva, i funzionari dell'azienda lo invitarono a New York. Quando Blair arrivò, lo accompagnarono in fabbrica e lo fecero parlare con l'ingegnere capo, che ascoltò come fosse cambiata la sua vita. Poi mio figlio ebbe un'idea, un'intuizione o ispirazione, chiamatela come volete. Fu quest'*impulso mentale* a convertire il suo svantaggio in una cosa positiva che, in futuro, avrebbe fruttato ricchezza materiale e spirituale a migliaia di persone.

In sostanza, questo pensiero era la consapevolezza che, divulgando la sua storia, potesse essere d'aiuto a milioni di sordi che per tutta la vita non avevano potuto servirsi di apparecchi acustici.

Eseguì una ricerca per un mese intero, analizzando il sistema di commercializzazione del produttore di apparecchi acustici e creando nuovi metodi per comunicare coi nonudenti di tutto il mondo allo scopo di spiegare loro la scoperta di una vita diversa. Fatto ciò, perfezionò un progetto biennale basato sulla ricerca, che presentò all'azienda. Lo assunsero subito e gli diedero la possibilità di soddisfare la sua ambizione.

Quando Blair iniziò il lavoro, non sognava nemmeno di essere destinato a ridare la speranza a migliaia di sordi che, senza di lui, avrebbero trascorso l'esistenza nel silenzio più totale.

Non ho dubbi che mio figlio sarebbe stato sordomuto per tutta la vita se, insieme a mia moglie, non fossi riuscito a instillargli l'idea di potercela fare.

Quando gli infusi il desiderio di udire, parlare e vivere come una persona normale, quest'impulso mentale generò una strana influenza attraverso la quale la natura gettò un ponte per colmare il divario del silenzio fra il suo cervello e il mondo esterno.

In effetti, un desiderio ardente ha modi tortuosi per tramutarsi nel suo equivalente concreto. Blair voleva avere un udito normale: ora lo ha! È nato con uno svantaggio che, se non fosse intervenuto un desiderio di tale intensità, lo avrebbe fatto finire su un marciapiede con un piattino in mano.

La "bugia innocua" che gli raccontai da bambino, inducendolo a ritenere che la sua sfortuna sarebbe diventata una fortuna da ricapitalizzare, era quindi giustificata. In effetti, non c'è nulla, giusto o sbagliato, che la fede unita a un desiderio ardente non possa rendere reale. E queste sono qualità a cui tutti possiamo attingere.

La "chimica mentale" compie magie

Una breve frase in un dispaccio informativo inerente alla cantante Schumann-Heink ci fa capire cosa vi sia alla base del suo eccezionale successo nel mondo operistico. Citerò la frase perché ne potremo estrapolare la forza del desiderio.

All'inizio della sua carriera, la Schumann-Heink andò dal direttore della Vienna Court Opera per chiedergli un consiglio sulla sua voce. Questi, però, subito dopo aver dato un'occhiata agli sciatti vestiti della ragazza, non ne volle sapere e disse: «Con quella faccia e senza personalità, come può ritenere di avere successo nell'opera? Figliola, rinunci all'idea, si compri una macchina per cucire e si metta a lavorare. *Non potrà mai essere una cantante*».

"Mai" contempla un periodo piuttosto lungo! Il direttore forse ne sapeva molto sulla tecnica canora ma assai poco sulla forza del desiderio. In tal caso, infatti, non avrebbe commesso l'errore di ripudiare un genio operistico senza darle un'occasione.

Diversi anni fa, uno dei miei collaboratori si ammalò, aggravandosi col passare del tempo, finché non lo ricoverarono per operarlo. I medici mi rivelarono che non lo avrei quasi certamente rivisto vivo. Ma questa era solo l'opinione medica! Il paziente la pensava diversamente. Poco prima che lo portassero in sala operatoria, mi sussurrò con la poca voce rimasta: «Non si disturbi, capo, uscirò di qui fra qualche giorno». L'infermiera mi guardava con atteggiamento di compassione. Eppure, il mio collaboratore la sfangò anche quella volta. Quando fu tutto finito, un medico mi disse: «Lo ha salvato nient'altro che il suo desiderio di vivere. Se non avesse rifiutato la possibilità della morte, non ce l'avrebbe fatta».

Credo nel potere del desiderio sostenuto dalla fede perché ho visto tale forza sollevare gli uomini: dalle catapecchie ai palazzi della società affluente; dalle malattie letali alla salute; dalle mille forme che assume la sconfitta alle vittorie in ogni campo; dagli handicap fisici (come quello di mio figlio, a cui la Natura aveva predestinato la sordità) a una vita normale e felice, perfino di successo.

Come si può sfruttare la forza del desiderio? Ho già iniziato a spiegarvelo, ma i seguenti capitoli offriranno nuovi esempi e dimostrazioni.

La Natura, per mezzo di uno strano e potente principio di "chimica mentale" mai rivelato, integra nell'impulso del desiderio ardente un "qualcosa", un'entità che non ammette l'esistenza dell'"impossibile" e non accetta la realtà della sconfitta.

NON ESISTONO
LIMITI
ALLA MENTE,
SE NON
QUELLI CHE
NOI STESSI
LE IMPONIAMO

SIA LA POVERTÀ
SIA LA RICCHEZZA
SONO FRUTTI
DEL PENSIERO

III

LA FEDE

CONCETTO DI FEDE, COME FIDUCIA
NELLA REALIZZAZIONE DEL DESIDERIO
Secondo passo verso la ricchezza

L a fede è l'elemento principale nella chimica della mente: quando la si amalgama col pensiero, il subconscio ne capta immediatamente le vibrazioni, le traduce nel loro corrispettivo spirituale e le trasmette all'Intelligenza Infinita, per esempio sotto forma di preghiera.

Fra i sentimenti positivi, le emozioni della fede, dell'amore e del sesso sono le più potenti in assoluto. Unite e amalgamate, hanno la capacità di "colorare" il pensiero in modo tale da farlo accedere rapidamente al subconscio, trasformandolo nel suo equivalente spirituale, l'unica forma che sollecita una risposta dell'Intelligenza Infinita.

In che modo sviluppare la fede

Ecco ora una frase che vi farà capire meglio l'importanza che assume l'autosuggestione per la trasmutazione del desiderio nel suo corrispettivo fisico: la fede è uno stato mentale che può essere indotto o creato attraverso la ripetizione di istruzioni al subconscio grazie al principio di autosuggestione.

Meditate, per esempio, sullo scopo per cui state leggendo questo libro. Con tutta probabilità, volete acquisire la capacità di trasformare il desiderio di arricchirvi nella sua controparte concreta, il denaro. Seguendo le istruzioni contenute nel capitolo sull'autosuggestione, convincerete il subconscio a *credere* di poter avere tutto ciò che chiedete, agendo in base a tale convinzione, che il subconscio stesso vi inoculerà

39

sotto forma di "fede", a cui farete seguire precisi progetti per procurarvi l'oggetto del desiderio.

La fede è una condizione mentale che potete sviluppare in modo deliberato dopo aver assimilato gli altri princìpi fondamentali: infatti, essa è uno stato della mente che va incentivato mediante l'applicazione di tali princìpi.

La ripetizione degli ordini da impartire al subconscio è l'unico metodo noto per sviluppare volontariamente il sentimento della fede.

Forse il significato della frase vi apparirà più chiaro con un esempio negativo, quello della delinquenza. Come dichiarò un famoso criminologo, «quando gli uomini conoscono per la prima volta il crimine, provano un senso di ripulsa. Se vi restano in contatto a lungo, ci si abituano e lo sopportano. Se perseverano in tale abitudine, finiscono per accettarlo e se ne fanno influenzare».

Ciò equivale a dire che qualsiasi impulso mentale trasmesso ripetutamente al subconscio viene infine accolto e messo a frutto dal subconscio stesso, che lo tramuta nel suo corrispettivo concreto per mezzo della procedura disponibile.

Perciò, riflettete sulla frase per cui *ogni pensiero che viene pervaso dal sentimento, e quindi dalla fede,* si traduce rapidamente nel suo equivalente o corrispettivo concreto.

Le emozioni, ovvero la parte mentale dei "sentimenti", sono i fattori che danno ai pensieri vivacità e traducibilità pratica. Uniti agli impulsi mentali, fede, amore e sesso ci permettono di agire più di quanto potremmo fare se fossimo mossi singolarmente da ciascuna di tali emozioni.

Peraltro, gli impulsi mentali e i desideri possono influire sul subconscio quando sono mescolati non solo con la fede e gli altri sentimenti positivi, ma anche con quelli negativi.

Nessuno è "condannato" alla sfortuna

In effetti, il subconscio volge nell'equivalente fisico perfino i pensieri di natura negativa e distruttiva, e lo fa altrettanto rapidamente di quando agisce in base agli impulsi positivi. Ciò spiega lo strano fenomeno per cui milioni di persone credono di essere dominate dalla "sfortuna", o "malasorte" che dir si voglia.

Sono infatti moltissimi coloro che ritengono di essere "condannati" alla povertà e al fallimento da una forza immateriale che suppongono di non poter controllare. Sono loro stessi a "creare" le proprie sfortune a causa di questa convinzione negativa, che viene recepita dal subconscio e tradotta in pratica.

Voglio di nuovo sottolineare che, trasferendo al subconscio qualunque desiderio da tradurre nel suo corrispettivo monetario, potrete beneficiare della convinzione che farà accadere tale aspettativa. La fede è l'elemento che determina la messa in moto del subconscio. Non esiste nulla che vi impedisca di "ingannare" il subconscio immettendovi istruzioni per mezzo dell'autosuggestione, come feci con mio figlio a proposito della sua sordità.

Per rendere più realistico quest'"inganno", quando chiedete l'aiuto del subconscio, comportatevi come se possedeste già la cosa materiale che vorreste avere.

Grazie ai metodi più diretti e disponibili, il subconscio convertirà nel corrispettivo fisico tutti gli ordini che gli date con la fiducia che l'ordine sarà eseguito.

Ormai ne sapete abbastanza per acquisire in pratica la capacità di unire la fede a qualsiasi ordine da dare al subconscio. La perfezione, infatti, matura attraverso l'esperienza concreta, *non può* derivare dalla semplice *lettura* delle istruzioni.

Si devono pertanto incoraggiare le *emozioni positive* in quanto forze che dominano la nostra mente e scoraggiare quelle negative, preferibilmente *eliminandole.*

La mente dominata dai sentimenti positivi diventa una sede che accoglie con favore lo stato mentale detto fede. Una mentalità simile può istruire volontariamente il subconscio affinché agisca con prontezza in base a ordini produttivi.

La fede, come fiducia nella realizzazione del desiderio, è una condizione mentale che può essere indotta dall'autosuggestione.

Ora, con linguaggio comprensibile da ogni essere umano, descriverò ciò che sappiamo sui modi per sviluppare la fede qualora non ce l'avessimo.

Abbiate fiducia in voi stessi e fede nell'Infinito.

Prima di iniziare, ricordate ancora che la fede è l'"elisir eterno" che dà vita, forza e azione agli impulsi mentali!

Vale la pena leggere una seconda volta, anche una terza e una quarta, la frase precedente, magari ad alta voce!

La fede è il punto d'avvio per l'accumulo di ogni ricchezza!

La fede è il fondamento di ogni "miracolo" e di tutti i misteri non analizzabili con le regole scientifiche! È l'unico antidoto contro il fallimento!

Essa è l'elemento, la sostanza "chimica" che, miscelata con la preghiera, ci permette di entrare in comunicazione diretta con l'Intelligenza Infinita.

È ciò che trasforma le comuni vibrazioni di pensiero, create dalla mente limitata dall'uomo, nel loro equivalente spirituale, perciò infinito.

La magia dell'autosuggestione

È facile dimostrare ciò, dal momento che tutto quanto predicato sulla fede è incorporato nel principio di autosuggestione. Concentriamoci quindi su questo argomento e cerchiamo di capire di cosa si tratti e cosa possa produrre.

È risaputo che si finisce per credere a tutto quello che ci si ripete, *a prescindere dal fatto se sia vero o falso*. Se un uomo si racconta continuamente una bugia, col tempo la accetterà come veritiero dato di fatto. Anzi, insisterà come se fosse una verità assoluta. Ognuno di noi è ciò che è a causa dei pensieri dominanti con cui occupiamo la nostra mente. I pensieri a cui consentiamo di dominare la mente, incoraggiandoli, e amalgamandoli con una o più delle emozioni citate in precedenza, rappresentano le forze motivanti che guidano e controllano ogni nostro movimento, ogni azione che compiamo!

Ecco, quindi, una nozione significativamente vera: *i pensieri, uniti alle emozioni e ai sentimenti, costituiscono una forza "magnetica" che attira altri pensieri simili o affini.*

Un pensiero "magnetizzato" in questo modo dalle emozioni è paragonabile a un piccolo seme che, piantato in terreno fertile, germina, cresce e si moltiplica fino a produrre milioni di semi dello stesso genere!

La mente dell'uomo attira sempre vibrazioni in sintonia con quelle che prevalgono in essa. Qualsiasi idea, pensiero, progetto o obiettivo che *coltiviamo* attrae una miriade di concetti affini, usandoli per incrementare la forza e crescere fino a diventare la motivazione principale che guida l'individuo dalla mente così condizionata.

Torniamo ora al punto iniziale e indaghiamo come possa instillarsi nella nostra mente il seme originale di un'idea, di un piano o di uno scopo. Non è difficile: basta coltivare l'idea *ripetendo più volte il pensiero*. Ecco perché vi chiederò di mettere per iscritto l'affermazione del vostro obiettivo principale, di impararlo a memoria, di ripeterlo a voce alta, giorno dopo giorno, finché tali vibrazioni sonore non accederanno al vostro subconscio.

Decidete di sbarazzarvi dagli influssi negativi o dai condizionamenti ambientali, mettendo ordine nella vostra vita. Facendo l'inventario delle attività e delle passività mentali, potreste scoprire che la vostra carenza maggiore è la scarsa fiducia in voi stessi. Ma questo difetto è superabile, così come la timidezza può essere trasformata in coraggio: basta applicare il principio di autosuggestione. Per farlo, elencate gli impulsi mentali positivi, scriveteli, memorizzateli e ripeteteli, finché non diventano una parte del corredo con cui opera il vostro subconscio.

Formula della fiducia in sé

1. So di avere la capacità di realizzare l'obiettivo che mi sono posto nella vita; perciò, *esigo* da me stesso di essere tenace, di agire continuamente per conseguirlo, promettendo qui e ora di non deflettere dall'azione.

2. Mi rendo conto che i pensieri prevalenti che occupano la mia mente si riprodurranno in futuro nelle azioni esterne, trasformandosi gradualmente in realtà concreta; quindi, per trenta minuti al giorno focalizzerò i miei pensieri sulla persona che voglio diventare, chiarendo così l'immagine mentale di me stesso.

3. So che grazie all'autosuggestione qualunque desiderio trattenga nella mente troverà espressione pratica nell'oggetto a cui si riferisce per mezzo di attività concrete; di conseguenza, dedicherò dieci minuti al giorno a esigere da me stesso lo sviluppo della *sicurezza personale*.

4. Ho descritto con precise parole *lo scopo principale della mia vita* e non cesserò mai di provare a realizzarlo se non avrò elaborato una fiducia in me tale da farmelo conseguire.

5. So benissimo che non si può mantenere a lungo un privilegio o una posizione di rendita, a meno che non si fondino sulla verità e sulla giustizia; pertanto, non mi impegnerò in nessuna transazione che non rechi beneficio a tutte le parti interessate. Riuscirò ad attirare le forze che desidero usare e la collaborazione degli altri. Li convincerò a servirmi perché sarò io il primo a essere disposto a servirli. Eliminerò l'o-

dio, l'invidia, la gelosia, l'egoismo e il cinismo, accrescendo invece il mio amore per l'umanità intera: so infatti che un atteggiamento negativo verso il prossimo non mi eleverà mai al successo. Indurrò gli altri a credere in me perché io crederò in loro, e in me stesso. Firmerò e scriverò il mio nome sotto questa formula, la imparerò a memoria e la ripeterò a voce alta una volta al giorno, fiducioso che essa influirà gradualmente sui miei pensieri e sulle mie azioni, così che diventerò sicuro di me, come una persona di successo.

Questa formula si basa su una legge naturale che nessun uomo è stato ancora in grado di spiegare. Il nome con cui la si definisce non ha alcuna importanza: ciò che conta è che essa *funziona* a maggior gloria dell'umanità e del successo individuale, *purché* la si usi costruttivamente. Per converso, se la si usa in senso distruttivo, essa porterà alla rovina chi se ne serve in maniera inadeguata. Ho appena enunciato una grande verità: chi affonda nelle sconfitte e finisce la vita povero e infelice è condizionato dall'applicazione negativa dell'autosuggestione. La verità è che ogni impulso mentale ha la tendenza a rivestirsi del suo equivalente concreto.

La distruttività del pensiero negativo

Il subcosncio non distingue fra impulsi mentali costruttivi e distruttivi. Funziona usando il materiale con cui lo alimentiamo, cioè i nostri desideri o impulsi di pensiero. Traduce in realtà un pensiero instillato dalla paura altrettanto rapidamente di uno stimolato dal coraggio, o dalla fede. ·

Proprio come l'elettricità fa girare le ruote dell'industria, rendendo quindi un servizio utile se usata in modo costruttivo oppure uccidendo la vita se usata male, così il principio di autosuggestione vi garantirà la pace e la ricchezza o, in alternativa, vi trascinerà lungo la china della povertà e della morte, nella misura in cui lo comprenderete e lo applicherete.

Se riempite la mente di paure, dubbi e incertezze circa la vostra abilità nel collegarvi alle forze dell'Intelligenza Infinita, la legge di autosuggestione farà suo questo scetticismo e se ne avvarrà come modello col quale il vostro subconscio lo tradurrà nella sua controparte fisica.

Come il vento che spinge un'imbarcazione a est, e un'altra a ovest, così la legge dell'autosuggestione vi eleverà o vi abbasserà, a seconda del modo in cui esporrete le vele del vostro *pensiero*.

Il principio di autosuggestione, grazie al quale ognuno può raggiungere sbalorditive vette di successo, è perfettamente descritto dai seguenti versi.

> Se *credete* di partire battuti, lo sarete,
>> Se *ritenete* di non saper osare, non oserete.
> Se vorreste vincere, ma *pensate* di non riuscirci,
>> È quasi certo che fallirete.
>
> Se *immaginate* di perdere, avete già perso,
>> Perché nel mondo è vero che
> Il successo inizia dalla volontà dell'individuo,
>> È *nella sua mente*.
>
> Se *credete* di essere surclassati, lo siete.
>> Per elevarvi, dovete *puntare in alto*,
> Dovete essere *sicuri di voi* prima
>> Di poter vincere un premio.
>
> Le battaglie umane non arridono sempre
>> All'uomo più forte o veloce.
> Prima o poi l'uomo vincente
>> Sarà quello *che RITIENE DI POTER VINCERE*.

Notate le parole che sono state evidenziate e afferrerete il loro significato profondo.

Quale genio è acquattato nel vostro cervello?

Nella nostra costituzione fisica *sonnecchia* e giace inutilizzato da qualche parte il seme dell'autorealizzazione che, se risvegliato e messo a frutto, ci condurrà verso vette che non avremmo mai sperato di raggiungere.

Come un grande musicista è capace di attingere la composizione musicale più bella dalle corde di un violino, così anche voi potete destare il genio che dorme nel vostro cervello attingendo alla sua forza per innalzarvi ovunque vi conduca l'obiettivo che volete conseguire.

A quarant'anni suonati, Abramo Lincoln era un fallito in ogni sua attività. Era il Signor Nessuno venuto dal Nulla, finché non fece una particolare esperienza, svegliando il genio acquattato nel suo cuore e nel suo cervello, che diede al mondo uno degli uomini più grandi mai esistiti. Quell'"esperienza" era caratterizzata dalle emozioni dell'amore che gli comunicava l'unica donna che egli abbia mai veramente amato.

È risaputo che il sentimento dell'amore è strettamente connesso con lo stato mentale che definiamo fede, perché esso riesce a tradurre gli impulsi mentali nel loro corrispettivo spirituale. Analizzando per tanti anni la vita e le opere di centinaia di uomini di successo, ho scoperto che dietro le loro realizzazioni c'era quasi sempre l'influsso di una donna e del suo affetto.

Se volete altre prove del potere della fede, studiate le imprese dei personaggi che l'hanno applicata. In cima alla lista svetta, naturalmente, Gesù Cristo.

Vediamo l'esempio di un uomo assurto alla notorietà in tutto il mondo civile, il Mahatma Gandhi. Questo uomo dell'India ha offerto una dimostrazione valida per tutti, sfruttando un potere che nessuno, ai suoi tempi, aveva mai applicato così bene, specie se teniamo conto che non possedeva gli strumenti ortodossi con cui lo si esercita: denaro, armi, soldati ed equipaggiamenti bellici. Gandhi non aveva una casa, neanche un vestito, eppure aveva potere. Come ha fatto a impossessarsene?

Se l'era creato grazie alla sua particolare comprensione del principio di fede e alla sua abilità nell'infonderlo nella mente di duecento milioni di persone.

Riuscì nella straordinaria impresa di influenzare tante persone, coalizzandole e facendole muovere all'unisono affinché agissero come una mente unica.

Quale altra forza terrena, se non la fede, è capace di tanto?

Il modo in cui si è costruita una fortuna su un'idea

Dal momento che, per gestire gli affari commerciali e industriali, c'è bisogno di fiducia e collaborazione, è utile analizzare una circostanza da cui si evince un eccellente metodo per accumulare grosse somme di denaro: *dare* prima di *ottenere*.

L'evento a cui mi riferisco risale al 1900, quando fu istituita la US Steel Corporation. Leggendo la storia, tenete bene in mente i fatti che citerò e capirete in che modo le *idee* si sono convertite in fortuna economica.

Se vi siete mai chiesti come si fa ad arricchirsi, la storia della fondazione della US Steel Corporation è illuminante. Se avete dubbi sul fatto che sia possibile pensare e arricchirsi, questa storia dovrebbe dissolverli perché per fondare la menzionata azienda è stata applicata gran parte dei princìpi che delineo in questo libro.

La stupefacente descrizione della forza di un'idea appartiene a John Lowell, che l'ha redatta per il *New York World-Telegram*, a cui porgiamo il nostro ringraziamento per averci dato il permesso di ripubblicarla.

UN DISCORSO DEL VALORE DI UN MILIARDO DI DOLLARI

La sera del 12 dicembre 1900, quando un'ottantina di magnati americani si riunì nella sala dei banchetti del Club Universitario, sulla Quinta Strada, per rendere onore a un giovane dell'ovest, neanche mezza dozzina fra tutti gli ospiti sapeva che avrebbe assistito all'episodio più significativo della storia industriale americana.

J. Edward Simmons e Charles Stewart Smith, grati a Charles M. Schwab per la cordialissima ospitalità ricevuta durante una loro visita a Pittsburgh, avevano organizzato la cena per presentare il trentottenne funzionario delle acciaierie alla società dei banchieri orientali, ma non si aspettavano che li facesse fuggire via tutti. In effetti, lo avevano avvisato che i palloni gonfiati newyorchesi non erano sensibili all'oratoria e che, se non avesse voluto annoiare gli Stillman, gli Harriman e i Vanderbilt, avrebbe dovuto limitare il discorso a quindici-venti minuti di belle parole senza aggiungere altro.

Perfino John Pierpont Morgan, seduto alla destra di Schwab come si conviene a una dignità imperiale, intendeva beneficare i convenuti con la sua voce solo per breve tempo. Quanto alla stampa, l'intero affare appariva di così poca importanza che non se ne trovò alcuna menzione sui quotidiani del giorno dopo.

Così, i due anfitrioni e i loro distinti ospiti consumarono le solite sette o otto portate senza dilungarsi in conversazioni e convenevoli. Alcuni banchieri e mediatori d'affari conoscevano, appena di sfuggita,

Charles Schwab, la cui carriera era sbocciata lungo le sponde del Monongahela. Tuttavia, prima della fine della serata, tutti (incluso quindi Morgan, il re del denaro) ne furono conquistati e permisero la nascita di un fantolino da un miliardo di dollari, la US Steel Corporation.

È un peccato, se non altro a livello di documentazione storica, che non sia stato registrato in qualche modo il discorso che Schwab tenne quella sera.

Ciononostante, è probabile si sia trattato di un discorso "alla buona", forse sgrammaticato (perché Charles non si preoccupò mai di sottigliezze linguistiche), ma arguto ed epigrammatico. A parte ciò, dovette avere una forza galvanizzante per produrre l'effetto che ebbe sui cinque miliardi di capitale rappresentati dai partecipanti al banchetto. Quando Schwab ebbe finito e tutti erano ancora sotto l'influsso delle sue parole, nonostante il discorso fosse durato circa un'ora e mezza, Morgan si appartò con l'oratore in un angolo della sala dove, seduti su scomodi seggioloni, parlarono fitto per più di un'altra ora.

La magia della personalità di Schwab si era accesa in tutta la sua prodigiosità, ma ciò che importava di più era il preciso e lungimirante programma che aveva esposto per l'avvenire delle acciaierie americane. Molti altri uomini avevano cercato di interessare Morgan a un cartello per la nuova industria da modellare sui preesistenti consorzi industriali per la produzione di biscotti, cavi, cerchioni, zucchero, gomma, whisky, petrolio o gomma da masticare.

John W. Gates, lo speculatore, aveva già insistito presso Morgan, che però non si fidava di lui. Anche i fratelli Bill e Jim Moore, che speculavano in borsa a Chicago, ci avevano provato mettendo assieme un cartello di società fantasma, ma Morgan gli aveva rifiutato i finanziamenti. Allora, si era fatto avanti Elbert H. Gary, il bigotto avvocato di campagna, ma lui non aveva nulla per impressionare Morgan. Finché non si presentò Schwab con la sua alta eloquenza, il grande banchiere non era riuscito a immaginare i risultati della più audace impresa finanziaria che fosse mai stata concepita: gli altri progetti erano infatti considerati un delirio di pazzi che sognano di fare soldi con facilità.

Il magnetismo finanziario che, una generazione fa, cominciò ad attirare migliaia di aziende piccole e talora mal gestite verso un consorzio capace di sgominare i concorrenti era in atto nel settore dell'acciaio fin da quando era entrato in competizione un allegro pirata degli affari, John W. Gates. Questi aveva fondato l'American Steel and Wire

Company unendo una catena di piccole aziende nella Federal Steel Company di Pierpoint Morgan.

Tuttavia, di fronte al gigantesco cartello organizzato dallo scozzese Andrew Carnegie, che si avvaleva della collaborazione di cinquantatré consociate, gli altri consorzi erano una bazzecola. Forse si accontentavano di sopravvivere, ma anche coalizzando le forze non avrebbero intaccato mai l'organizzazione di Carnegie, e Morgan lo sapeva bene.

Lo sapeva anche il vecchio ed eccentrico scozzese: dalle superbe altezze dello Skibo Castle aveva visto, prima con divertimento e poi con risentimento, i tentativi delle piccole società di Morgan di rubargli una fetta di mercato. Quando i tentativi si fecero più audaci, Carnegie decise di passare dalla rabbia alla vendetta: era il suo temperamento. Fece la copia di ogni opificio posseduto dai rivali. Fino a quel momento, non aveva prodotto cavi, tubi, cerchioni o laminati, accontentandosi di vendere alle altre aziende l'acciaio non lavorato, da modellare come preferivano. Ora, con Charles Schwab in quanto abile braccio destro, decise di mettere i nemici con le spalle al muro.

Perciò, nel discorso di Schwab, Morgan intravide la soluzione ai problemi del suo consorzio. Un cartello senza Carnegie, il gigante dell'acciaio, non sarebbe valso a nulla; sarebbe stato, come disse uno scrittore, "una torta di mele senza le mele".

Il discorso del 12 dicembre 1900 conteneva senza dubbio l'allusione, ma non l'impegno, all'eventuale passaggio di tutta l'impresa di Carnegie sotto la bandiera di Morgan. Schwab parlava nell'interesse futuro del mondo dell'acciaio, faceva presagire la riorganizzazione per una maggiore efficienza, la specializzazione, la chiusura degli opifici improduttivi, la concentrazione degli sforzi produttivi, economie nella distribuzione del minerale e nelle spese generali dei settori amministrativi, il tutto per espandersi anche sui mercati esteri.

Inoltre, Charles non nascose a quei bucanieri quali fossero gli errori che avevano commesso durante le loro incursioni piratesche. Il loro scopo consisteva nel creare monopoli, alzare i prezzi e dividersi profitti e privilegi. Questo sistema li condannava nel modo più radicale. La miopia di tale politica, disse ai convenuti al banchetto, dipendeva dalla restrizione del mercato, in un periodo che invece richiedeva la sua estensione, come tutto stava a dimostrare. Abbassando i costi di produzione, suggeriva Schwab, si sarebbe creato un mercato in continua espansione; si sarebbero scoperti nuovi usi per l'acciaio, catturando così grandi porzioni del commercio internazionale. In effetti, anche se non lo sapeva, Schwab era un apostolo della moderna produzione di massa.

Finita la cena luculliana al Club Universitario, Morgan tornò a casa e non poté fare a meno di riflettere sulle rosee previsioni prospettate da Charles Schwab. Questi se ne tornò a Pittsburgh a gestire le ferrierie di Carnegie, mentre Gary e gli altri si appostarono davanti alle loro telescriventi, chiedendosi con nervosismo quale sarebbe stata la prossima mossa.

Non dovettero attendere a lungo. Morgan ci mise appena una settimana per digerire le razionali portate che Schwab gli aveva servito. Essendosi convinto che non avrebbe fatto un'indigestione finanziaria, lo mandò a chiamare, ma questa volta lo trovò piuttosto ritroso.

A Carnegie, disse Charles, non sarebbe piaciuto che il suo fidato e principale collaboratore civettasse con l'imperatore di Wall Street, dove era meglio non mettere mai piede. Allora, John Gates fece da intermediario e suggerì a Schwab di recarsi "per caso" al Bellevue Hotel di Philadelphia, dove avrebbe trovato "per caso" anche Morgan. Tuttavia, quando arrivò in albergo, Schwab venne informato che Morgan era purtroppo malato, costretto a rimanere nella sua New York. Così, su suo pressante invito, l'emissario di Carnegie si presentò alla porta dell'anziano banchiere.

Ora, certi storici dell'economia hanno espresso l'opinione che, dall'inizio alla fine, fu Andrew Carnegie a tirare le fila della commedia: dalla cena al famoso discorso di Charles, al colloquio serale di questi col re della finanza, tutti eventi organizzati dall'astuto scozzese. Ma è vero il contrario.

Quando venne convocato per fissare le condizioni del contratto, Schwab non sapeva nemmeno se "il piccolo boss", come era soprannominato Carnegie, avrebbe ascoltato un'offerta di vendita a un gruppo di uomini da lui ritenuti poco meno che filibustieri. Tuttavia, Schwab aveva portato con sé, scritti di suo pugno, sei fogli gremiti di cifre in cui aveva fissato il valore e il potenziale economico di ciascuna acciaieria che riteneva dovesse essere inclusa nella nuova costellazione aziendale.

Quattro erano gli uomini che studiarono le cifre per tutta la notte. Il capo, ovviamente, era Morgan, granitico nella sua convinzione del diritto sovrano del denaro. Con lui stava il suo aristocratico socio, Robert Bacon, studioso e gentiluomo. Il terzo era Gates, lo speculatore, da Morgan disprezzato e usato come strumento. Il quarto era Schwab stesso, che sulla produzione e la vendita dell'acciaio ne sapeva più di chiunque al mondo. Le sue cifre non vennero mai messe in dubbio. Se lui sosteneva che un'azienda valeva tanto, nessuno si sognava di correggere, verso l'alto o il basso, la cifra. Inoltre, l'uomo di Pittsburgh insisteva per includere nel cartello solo gli opifici da lui espressamente indicati: aveva concepito un consorzio senza doppioni e non avrebbe ceduto nemmeno per tacitare gli amici che volevano scaricare le loro fabbriche sulle larghe spalle di Morgan.

All'alba, Morgan si alzò e si stirò la schiena: restava solo una domanda a cui rispondere.

«Crede di poter convincere Andrew Carnegie a vendere?», chiese.

«Posso tentare», replicò Schwab.

«Se riesce a persuaderlo, mi dichiaro d'accordo fin d'ora», aggiunse Morgan.

Tutto a posto, così sembra. Ma Carnegie avrebbe venduto? Quanto avrebbe preteso? (Secondo Schwab, circa trecentoventi milioni di dollari). Come avrebbe voluto essere saldato? Azioni ordinarie o privilegiate? Titoli? Obbligazioni? Denaro contante? Nessuno poteva raccogliere quella cifra in contanti.

Una mattina, sul prato di St. Andrews (Westchester) bagnato dalla brina del rigido gennaio, si svolse una tranquilla partita di golf fra Andrew, avvolto nei suoi maglioni per difendersi dal freddo, e Charles che, come al solito, chiacchierava amabilmente per ravvivare l'atmosfera. Fra di loro non scambiarono una sola battuta sul progetto commerciale, perlomeno finché non si accomodarono nel tepore del limitrofo villino dello scozzese. Poi, con la stessa retorica con cui aveva ipnotizzato ottanta milionari al club universitario, Schwab spiattellò le luccicanti promesse di una pensione agiata, di innumerevoli milioni con cui l'anziano industriale avrebbe potuto appagare i suoi capricci. Carnegie capitolò, scrisse una cifra su un pezzo di carta, lo consegnò a Charles e disse: «Bene, questa è la somma per cui venderemo».

La cifra sfiorava i quattrocento milioni di dollari e teneva conto dei trecentoventi milioni menzionati da Schwab, più gli ottanta milioni che rappresentavano l'incremento di capitale degli ultimi due anni.

In seguito, sul ponte di un transatlantico, lo scozzese disse mestamente a Morgan: «Avrei potuto chiederle cento milioni di dollari in più».

«Se lo avesse fatto, glieli avrei dati», rispose tutto contento Morgan.

Naturalmente, il mondo entrò in subbuglio. Un inviato britannico telegrafò la notizia secondo cui le acciaierie europee avrebbero dovuto temere il gigantesco cartello americano. Il rettore di Yale, Hadley, affermò che, se non si fossero posti limiti ai cartelli economici, il paese avrebbe avuto «entro venticinque anni un imperatore a Washington». Ma Keene, il genio del mercato finanziario, si diede tanto da fare per rifilare le nuove azioni al pubblico che in un batter d'occhio se ne vendettero altre per circa seicento milioni di dollari. Così, Carnegie ebbe la sua parte, il consorzio di Morgan sessantadue milioni per il suo "impegno" e il resto dei "ragazzi", da Gates a Gary, la loro fetta di milioni.

Anche il trentottenne Schwab si guadagnò una ricompensa: fu eletto presidente del nuovo cartello e rimase in tale posizione fino al 1930.

Le ricchezze iniziano da un'idea

L'appassionante storia che avete appena letto è la perfetta dimostrazione del metodo con cui il desiderio è convertibile nel suo equivalente reale.

La gigantesca organizzazione fu creata dalla mente pensante di un uomo; il progetto con cui il cartello incorporò le varie acciaierie e stabilizzò le entrate finanziarie venne creato dalla mente dello stesso uomo. Il suo desiderio, la sua fede, tenacia e immaginazione sono stati gli elementi concreti che hanno contribuito alla fondazione della US Steel Corporation. Dopo la registrazione legale, tutte le fabbriche e le strutture meccaniche integrate nell'organizzazione erano incluse nel prezzo, ma un attento esame rivelerà che il valore totale delle proprietà era cresciuto di circa seicento milioni di dollari grazie alla pura transazione che permise di consolidarle sotto un'unica gestione.

In altre parole, l'idea di Schwab, unita alla fiducia che egli seppe instillare nella mente di Morgan e degli altri, rese sul mercato un profitto di circa seicento milioni. Mica bazzecole per una sola idea!

La US Steel Corporation prosperò e divenne una delle società più ricche e potenti degli Stati Uniti: impiegava migliaia di persone, perfezionava nuovi modi di utilizzare l'acciaio e apriva nuovi mercati, dimostrando quindi che i seicento milioni di dollari di plusvalenza prodotti dall'idea di Schwab erano pienamente meritati.

La ricchezza deriva sempre, in via preliminare, dal pensiero!

Il suo ammontare è limitato soltanto dal modo in cui la persona attiva l'idea che nasce nella sua mente. La fede abbatte ogni limite! Ricordatelo quando sarete pronti per venire a patti con la vita e realizzare i vostri obiettivi, pagando l'ineludibile prezzo.

IV

L'AUTOSUGGESTIONE

IL MEZZO PER INFLUIRE
SUL SUBCONSCIO
Terzo passo verso la ricchezza

L'autosuggestione è un concetto che include tutti gli stimoli che ci si invia, da soli, alla mente per mezzo dei cinque sensi. In altre parole, è il mezzo di comunicazione fra la parte mentale, ove opera il pensiero cosciente, e quella che funge da sede operativa del subconscio.

Attraverso i pensieri dominanti (positivi o negativi) a cui *permettiamo* di rimanere nella coscienza, il principio di autosuggestione raggiunge volontariamente il subconscio e lo influenza con tali pensieri.

La natura ci ha fatti in modo tale da poter controllare il materiale che raggiunge il subconscio mediante i cinque sensi, anche se questo non significa che esercitiamo sempre tale controllo. Nella maggioranza dei casi, infatti, non lo esercitiamo, e ciò spiega le condizioni in cui vivono tante persone.

Ricordate quanto detto sul subconscio come luogo simile a un fertile giardino in cui crescono abbondanti le erbacce se non vi si piantano i semi di fruttuosi raccolti. L'autosuggestione è il mezzo con cui una persona può nutrire deliberatamente il suo subconscio con pensieri creativi, oppure permettere a pensieri distruttivi di trovare il modo di insediarsi in quel giardino mentale.

Vedete e sentite il denaro in mano

Nell'ultima delle sei fasi descritte nel secondo capitolo, vi consigliavo di leggere due volte al giorno, a voce alta, l'affermazione scritta del vostro desiderio di arricchirvi, vedendovi e sentendovi già in possesso della somma. Seguendo le mie istruzioni, comunicate l'oggetto del vostro desiderio direttamente al subconscio in spirito di assoluta fiducia. Ripetendo questo processo, create deliberatamente abitudini mentali che favoriscono gli sforzi di tramutare il desiderio nel suo corrispettivo monetario.

Tornate alle sei fasi del secondo capitolo e rileggetele attentamente prima di procedere. Poi, quando ci arriverete, leggete con grande attenzione all'inizio del settimo capitolo le quattro istruzioni per l'organizzazione della vostra "alleanza di cervelli". Confrontando questi due processi con quel che ho detto sull'autosuggestione, vi renderete conto che essi vi danno la possibilità di suggestionarvi.

Perciò, quando leggete a voce alta l'affermazione del vostro desiderio (con cui sviluppate la "consapevolezza del denaro"), ricordate che la semplice lettura delle parole non produce alcun effetto, a meno che non le arricchiate di emozione o sentimento. Il subconscio riconosce solo pensieri amalgamati con le emozioni, e agisce solo in tal caso.

Questo fatto è talmente importante che non appare inutile ripeterlo in ogni capitolo: se non lo si comprende, si fa come la maggior parte delle persone che, pur tentando di applicare l'autosuggestione, non ottiene alcun risultato.

Le parole piatte e senza sentimento non riescono a influire sul subconscio. Non si otterranno risultati pratici finché non si impara ad accedere al subconscio con pensieri o concetti sentiti, cioè arricchiti dalla fede e dall'emozione.

Non scoraggiatevi se, la prima volta che ci provate, non riuscite a controllare e guidare i vostri sentimenti. Ricordate sempre che non si ottiene nulla senza dare qualcosa in cambio. Non si può ingannare, anche volendo. Il prezzo da pagare per saper condizionare il subconscio è la tenace applicazione dei princìpi qui descritti. Tale preziosa abilità non è conseguibile a un prezzo inferiore. Voi, solo voi potete decidere se la ricompensa per cui vi impegnate (la "consapevolezza del denaro") vale la contropartita da pagare.

La capacità di usare il principio di autosuggestione dipenderà in gran parte dall'abilità di concentrarvi su un determinato desiderio fino a farlo diventare una vera ossessione.

Come rafforzare la capacità di concentrazione

Cercando di eseguire le istruzioni contenute nelle sei fasi del secondo capitolo, dovete necessariamente impiegare il principio di concentrazione.

Ecco alcuni suggerimenti per usarlo in modo efficace. Nella prima delle sei fasi, quando "fissate in mente l'esatto ammontare del denaro desiderato", focalizzate i pensieri su tale quantità, concentrandovi, o arrestando l'attenzione, con gli occhi chiusi, fino a veder comparire concretamente la massa monetaria. Fatelo almeno una volta al giorno. Svolgendo questo esercizio, seguite le istruzioni fornite nel terzo capitolo e immaginate di essere già in possesso dei soldi.

Questa è una nozione di grandissimo rilievo: il subconscio obbedisce a tutti gli ordini che gli diamo con fede assoluta, benché sia d'uopo ripeterli *più volte*, vale a dire reiterarli fino a quando non vengono correttamente captati. In base a ciò, è perfettamente legittimo tendere una trappola al subconscio, facendogli credere, *sulla vostra fiducia*, che avrete il denaro che state visualizzando. È un "trucco" per ingannare il subconscio, per indurlo a credere che il denaro esaudirà la vostra richiesta se elaborerete inconsciamente piani e progetti per acquisire la somma.

Trasferite alla vostra fantasia la nozione che vi ho appena suggerito e prendete nota dei progetti che essa crea per l'accumulo del denaro mediante trasmutazione del desiderio.

Non aspettate di essere pronti a pianificare, a possedere i servizi o la merce che volete scambiare per ottenere il denaro che visualizzate, ma iniziate subito a credere di averlo, aspettandovi nel contempo che il subconscio elabori uno o più progetti, a seconda del caso. Allertatevi per captare i progetti e, quando appariranno, metteteli immediatamente in pratica. Di solito, lo fanno con un "lampo" di intuizione, cioè grazie al sesto senso, sotto forma di ispirazione. Trattatelo con rispetto e sfruttatelo non appena la vostra mente ne viene colpita.

Nella quarta fase del secondo capitolo vi avevo incitato a "creare un progetto organizzato per la realizzazione del desiderio, iniziando subito a metterlo in pratica". Seguite ora tale istruzione alla luce della precisazione enunciata nel paragrafo precedente. Ideando un piano per l'accumulo del denaro mediante trasformazione del desiderio, non fidatevi della "ragione". La razionalità può essere pigra e, se dipendete completamente da essa, potreste esserne delusi.

Visualizzando (a occhi chiusi) i soldi che intendete accumulare, *immaginate di rendere il servizio o di consegnare la merce che avete intenzione di dare in cambio per meritare i soldi. Non prescindete mai da ciò!*

Tre fasi per stimolare il subconscio

Abbinatele alle sei fasi del secondo capitolo per ottenere un compendio capace di suggestionare il subconscio.

1. Appartatevi in un luogo tranquillo, preferibilmente di notte, nel vostro letto, dove non sarete disturbati o interrotti, chiudete gli occhi e ripetete a voce alta, in modo da udire le vostre parole, l'affermazione scritta della quantità di denaro che volete accumulare, della scadenza entro cui possederla, del servizio o della merce che intendete offrire in cambio. Nel frattempo, immaginate di essere già in possesso del denaro. Per esempio, supponiamo che desideriate avere 50.000 euro entro cinque anni, rendendo come contropartita i vostri servizi personali in qualità di venditore. La frase scritta dell'obiettivo da raggiungere dovrebbe avere il seguente tenore: «Entro il 1° gennaio 20.., possiederò 50.000 euro, che accumulerò poco alla volta in questo intervallo di tempo. In cambio della somma, renderò i servizi migliori di cui sono capace, a livello sia di quantità sia di qualità ed efficacia, nella mia veste di venditore di .... (descrivete il servizio o il prodotto). Sono sicuro che tale somma entrerà in mio possesso. La mia fede è così intensa che posso già vedere il gruzzolo davanti ai miei occhi. Lo posso toccare con le mani. Attende solo di trasferirsi nel mio conto corrente entro la scadenza, nella misura in cui sarò capace di dare in cambio la contropartita descritta. Aspetto un progetto per accumulare il denaro e, quando lo riceverò, mi ci atterrò».

2. Ripetete questo programma alla sera e alla mattina, finché riuscirete a immaginare la somma che volete ottenere.

3. Collocate la copia dell'affermazione scritta dove potete vederla giorno e notte, leggendola prima di coricarvi e non appena vi svegliate, allo scopo di memorizzarla bene.

Eseguendo le istruzioni, non dimenticate che state usando il principio di autosuggestione per dare ordini al subconscio. Ricordate, inoltre, che quest'ultimo segue e applica soltanto le direttive che incorporano emozioni e sentimenti. L'emozione più intensa e produttiva è la fede. Rileggetene le caratteristiche citate nel capitolo precedente.

All'inizio, tutto ciò potrà sembrarvi astratto. Non preoccupatevi, seguite le istruzioni anche se non immaginate ancora come metterle in pratica: se sarete precisi nella loro esecuzione, *sia nello spirito sia nella lettera*, verrà presto il tempo in cui vi si svelerà un nuovo universo a vostra disposizione.

Il segreto della forza mentale

Di fronte alle idee nuove, la reazione umana più comune è lo scetticismo. Tuttavia, se ottemperate alle istruzioni che ho enunciato, il vostro scetticismo verrà in breve tempo sostituito dalla sicurezza di riuscire, che a sua volta si cristallizzerà in fede assoluta.

Molti filosofi hanno sostenuto che l'uomo è responsabile del suo destino *terreno*, ma non ci hanno mai spiegato *perché* lo sia. Da questo capitolo emerge, invece, con evidenza proprio tale motivo, specie in relazione al destino economico. L'uomo può diventare padrone di sé e dell'ambiente perché ha la capacità di condizionare il subconscio.

La trasformazione del desiderio in denaro comporta l'uso dell'autosuggestione per raggiungere e influenzare il subconscio. Gli altri princìpi sono semplici strumenti con cui applicare l'autosuggestione. Memorizzate queste frasi e sarete sempre consapevoli dell'importanza di suggestionarvi come mezzo per accumulare denaro in concomitanza degli altri princìpi che descriverò.

Dopo aver letto tutto il libro, tornate a questo capitolo e seguite nello spirito e nella pratica questa istruzione.

Ogni sera, leggete l'intero capitolo a voce alta, fino a convincervi completamente della validità del principio di autosuggestione, che vi farà avere tutto quanto avete chiesto. Mentre leggete, sottolineate a matita tutte le frasi che vi colpiscono in modo positivo.

Attenetevi alle istruzioni alla lettera, vi si aprirà la strada della comprensione totale e padroneggerete il principio del successo.

Ogni avversità,
ogni fallimento
e ogni dolore
portano con sé
il seme
di un vantaggio
equivalente
o superiore

V

LA CONOSCENZA SPECIALISTICA

LE ESPERIENZE E LE OSSERVAZIONI PERSONALI
Quarto passo verso la ricchezza

Vi sono due tipi di conoscenza: la prima è generica, la seconda specialistica. Quella generica, per quanto vasta e variegata, serve poco per l'accumulo delle fortune economiche. Nelle facoltà universitarie sono riunite tutte le forme di nozioni generiche che ha elaborato la civiltà umana. *La maggioranza dei professori si trova in stato di indigenza finanziaria.* Sono esperti nell'*insegnare* la sapienza, ma non si specializzano nell'organizzazione, ovvero nell'*uso* della conoscenza.

La conoscenza attira il denaro solo se la si organizza e la si dirige con intelligenza verso scopi definiti, con *piani di azione* positiva per il conseguimento di specifici obiettivi economici. La mancata comprensione di questo assunto è fonte di confusione per milioni di persone che hanno creduto, o credono erroneamente, che la "sapienza è potere". Tutt'altro! La conoscenza è potere solo in senso *potenziale*; diventa una capacità pratica solo qualora la si organizzi sotto forma di progetti volti a realizzare uno scopo.

Il "difetto" di ogni sistema educativo è l'incapacità degli istituti di insegnare agli studenti il modo in cui organizzare le conoscenze dopo averle acquisite.

Molti commettono l'errore di credere che Henry Ford, siccome aveva avuto una scarsa istruzione scolastica, non fosse un uomo "istruito". Chi si sbaglia in modo tanto grossolano non ha capito il significato della parola "educazione". Essa deriva dal latino *educo* e significa estrarre, estrapolare, sviluppare dall'interno.

Un uomo istruito non è necessariamente chi possiede gran copia di nozioni generali o specialistiche, ma colui che ha sviluppato a tal punto le sue facoltà mentali da conquistare qualsiasi cosa voglia, senza ledere i diritti altrui.

L'"ignorante" che fece fortuna

Durante la Prima guerra mondiale, un giornale di Chicago pubblicò una serie di editoriali in cui, fra l'altro, si accusava Henry Ford di essere un "pacifista ignorante". Ford si offese e querelò il direttore per calunnia. Quando si arrivò al processo, i legali del giornale sostennero di poter provare ciò che era stato scritto, chiamando lo stesso Ford al banco dei testimoni per dimostrare alla giuria quanto fosse davvero ignorante. Gli posero una filza di domande di ogni genere per far affiorare con evidenza che, sebbene possedesse notevoli cognizioni specializzate sulla produzione automobilistica, tutto sommato era un asino.

Ford dovette ascoltare quesiti seccanti come: «Chi era Benedict Arnold?»[1], «Quanti soldati gli inglesi mandarono in America per soffocare la ribellione del 1776?» Rispondendo all'ultima domanda, Ford disse: «Non conosco il numero esatto dei soldati inviati dagli inglesi, ma ho sentito dire che erano molti più di quelli che poterono tornare a casa».

Infine, stanco di tutte quelle domande, oltremodo infastidito da un avvocato particolarmente offensivo, Ford puntò il dito contro di lui ed esclamò: «Se volessi davvero rispondere alle domande insulse che mi pone, o alle migliaia che mi vuole porre, mi permetta di ricordarle che nel mio ufficio ho una fila di bottoni elettrici che posso pigiare quando voglio per convocare chi mi dà la risposta esatta a tutte le questioni relative ai miei affari. Ora, vuole spiegarmi perché dovrei riempirmi il cervello con un sacco di nozioni generiche per tener testa agli stupidi che mi pongono domande, visto che ho a disposizione tutti gli uomini che voglio per avere i fatti che mi servono quando mi servono?»
La logica della risposta era certamente ottima.

L'avvocato era stato steso, zittito. Tutti i presenti nel tribunale si resero conto che non avevano di fronte un ignorante, ma un uomo veramente istruito. È davvero istruito chi sa dove attingere le conoscenze quando ne ha bisogno e come organizzarle in forma di progetti pratici.

---

[1] Generale americano (1741-1801) che partecipò alla rivoluzione americana [N.d.t.].

Grazie all'aiuto della sua "alleanza di cervelli", Ford poteva disporre delle nozioni specialistiche che gli servivano per diventare uno degli uomini più ricchi d'America. *Non era essenziale che ingombrasse la mente con una zavorra di nozioni.*

Potete procurarvi tutte le conoscenze che volete

Prima di assicurarvi della vostra capacità di convertire il desiderio nel suo equivalente monetario, dovete possedere le cognizioni specifiche del servizio, della merce o della professione con cui volete ricambiare la fortuna finanziaria che riceverete. Forse vi servono maggiori conoscenze specializzate di quante avete l'abilità o la tendenza ad assimilare; in tal caso, potreste colmare il divario ricorrendo all'aiuto di un'"alleanza di cervelli".

L'accumulo di grandi fortune economiche richiede una forza che si può acquisire per mezzo di nozioni specifiche altamente organizzate e sapientemente guidate, ma non è detto che sia soltanto l'uomo che si arricchisce a dover possedere tali nozioni.

Ciò dà speranza e incoraggia colui il quale, pur avendo l'ambizione di diventare ricco, non possiede l'"istruzione" necessaria per organizzare le varie conoscenze di cui ha bisogno. C'è chi si fa dominare da un "complesso di inferiorità" perché non ha potuto seguire un normale corso di studi. Tuttavia, l'uomo che sa organizzare e dirigere un'"alleanza di cervelli", vale a dire un gruppo di collaboratori in possesso di varie cognizioni nei diversi campi applicativi, è altrettanto istruito di qualunque suo collaboratore.

In tutta la sua vita, Thomas A. Edison era andato a scuola per soli tre mesi. Possiamo affermare che gli mancasse l'istruzione? Sicuramente no. Infatti, non morì certo povero.

Henry Ford non aveva nemmeno la licenza media, ma riuscì lo stesso ad affermarsi nella vita.

È utile sapere come acquisire le conoscenze

Decidete innanzitutto che tipo di nozioni specifiche vi servono e l'obiettivo per cui le adopererete. In senso lato, sono lo scopo della vita o i traguardi intermedi a determinare le cognizioni di cui necessitiamo.

Ciò stabilito, avete bisogno di sapere quali sono le fonti di informazioni più affidabili. Fra le più importanti, si annoverano:

1. la propria esperienza e istruzione;
2. l'esperienza e l'istruzione dei collaboratori (alleanza di cervelli);
3. scuole e università;
4. biblioteche pubbliche (nei libri e nelle riviste specializzate sono disponibili le concezioni organizzate dalla civiltà);
5. corsi di addestramento e di specializzazione (in particolare, corsi serali e per corrispondenza).

Una volta acquisite le conoscenze, bisogna organizzarle e metterle a frutto per un obiettivo preciso mediante piani, progetti e programmazioni. Il sapere non vale nulla se non viene applicato in pratica per uno scopo determinato.

Nel caso contemplate l'idea di iscrivervi a corsi scolastici supplementari, stabilite per prima cosa il motivo per cui volete acculturarvi maggiormente, poi informatevi presso fonti attendibili dove possiate ricevere tale completamento educativo.

Gli uomini di successo, in qualsiasi campo professionale, non rinunciano mai all'istruzione perpetua, specie in relazione al loro settore, ai loro affari o all'obiettivo che si sono posti. I perdenti sono di solito quelli che commettono l'errore di credere che il periodo di acquisizione delle conoscenze finisca con l'ultimo anno di frequenza scolastica. In realtà, l'educazione scolastica si limita a darci le prime nozioni e a immetterci sulla strada per l'apprendimento delle conoscenze pratiche.

Il tema del giorno è la *specializzazione*! Una verità sottolineata in un articolo di giornale da Robert P. Moore, ex supervisore del piano di studi alla Columbia University.

Cercasi specialisti

Le aziende più esigenti cercano candidati che si siano specializzati in un settore di studi: laureati in economia o studi aziendali, con esami sostenuti di statistica e contabilità, ingegneri di ogni tipo, giornalisti, architetti, chimici, studenti con la media di voti più alta e dotati di spirito di iniziativa.

Il giovane che primeggia negli sport, il cui carattere è tale da farlo andare d'accordo con ogni genere di persona e che se l'è sempre cavata negli esami, ha un deciso vantaggio sullo studente che si limita alle nozioni accademiche. Alcuni, infatti, grazie alle loro qualità a 360 gradi, hanno ricevuto diverse offerte di assunzione, talora anche sei posizioni professionali.

Riferendosi agli studenti da inserire nel proprio organico, una delle più grandi società industriali, leader nel suo settore, ha scritto a Moore:

«Siamo principalmente interessati ad assumere giovani che sappiano imparare in fretta il lavoro amministrativo. Perciò, piuttosto che un generico passato scolastico, preferiamo che abbiano carattere, intelligenza e personalità».

Proposta di "apprendistato"

Proponendo un sistema per collocare gli studenti negli uffici, nei negozi e nelle industrie durante le vacanze estive per apprendere il lavoro direttamente sul posto, Moore sosteneva che, dopo i primi due o tre anni di studio, ciascuno studente dovesse «scegliere una specializzazione, interrompendo il curriculum se ha cambiato più volte specialità senza essersi formato un'idea precisa verso cui puntare.

«Le scuole e le università devono rendersi conto che oggi tutte le professioni e le occupazioni richiedono giovani specialisti», precisava Moore, sollecitando le istituzioni accademiche a incrementare il servizio di guida vocazionale per studenti.

Una delle fonti più praticabili e affidabili per l'accumulo delle nozioni specialistiche sono i corsi serali che vengono organizzati nelle grandi città. Le scuole per corrispondenza offrono un'istruzione specifica ovunque arrivino le poste e su tutti gli argomenti apprendibili a distanza. Un vantaggio dello studio a distanza è la flessibilità del programma curricolare, che permette di studiare durante il tempo libero. Se la scuola è ottima, un altro vantaggio è la facilità di consultazione delle opere in caso di necessità, privilegio che hanno tutti coloro che non devono risiedere in un posto preciso. Quindi, dove abitate non ha alcuna rilevanza.

Una lezione dalla segreteria

Tutto ciò che impariamo senza sforzo o senza pagare nulla non viene apprezzato, anzi spesso è svalutato: forse questa è la ragione per cui non sfruttiamo a fondo le meravigliose occasioni offerte dalle scuole pubbliche. L'*autodisciplina* che si apprende seguendo un programma di studi specialistici ricompensa in certa misura le occasioni sprecate quando la conoscenza era disponibile gratis. I corsi per corrispondenza, infatti, sono offerti da istituti estremamente organizzati: le tasse d'iscrizione, abitualmente rateizzate, sono così basse da incentivare il pagamento puntuale. La richiesta di pagamento, a prescindere dai voti presi e dagli esami sostenuti, induce lo studente a finire il corso anche se progetta di abbandonarlo. Le scuole per corrispondenza non sottolineano abbastanza la questione, ma la verità è che il loro servizio di segreteria è talmente efficiente da rappresentare in sé il miglior corso di *decisionismo, puntualità e abitudine a finire ciò che si è iniziato.*

L'ho imparato dall'esperienza, più di quarantacinque anni fa. Mi ero iscritto a un corso a distanza per pubblicitari. Dopo aver studiato una decina di lezioni, lasciai perdere, senonché la scuola non ci pensò neppure a smettere di mandarmi i bollettini di pagamento delle rate rimaste. Così, visto che dovevo pagare fino all'ultimo dollaro (come stabilito per contratto), avrei fatto meglio a completare le lezioni per non sprecare il denaro speso. Allora, mi sembrava che il sistema di raccolta della retta scolastica fosse troppo ben organizzato, ma in seguito capii che anche quel sistema, pur non avendolo pagato, mi aveva insegnato il valore dell'organizzazione. Essendo costretto a pagare, completai il corso di pubblicità. Negli anni a seguire, scoprii che, a livello finanziario, il sistema e l'organizzazione appresi mi servirono di più delle nozioni pubblicitarie studiate di malavoglia.

La strada per le conoscenze specialistiche

Stranamente, gli esseri umani tendono ad apprezzare solo ciò che ha un costo. Le scuole pubbliche, essendo gratuite, come del resto le biblioteche, spesso non fanno buona impressione *perché non si deve pagare nulla.* Questa è la ragione per cui molti ritengono necessario specializzarsi dopo essersi diplomati ed essere entrati nel mondo del lavoro. Di conseguenza, gli imprenditori tendono a stimare di più gli impiegati e gli operai che studiano nel tempo libero, magari per corrispondenza. Hanno infatti imparato con l'esperienza che chiunque abbia l'ambizione di rinunciare a parte del tempo libero per seguire un corso serale ha le qualità che ci vogliono per avanzare di carriera e comandare sugli altri.

Molte persone hanno un difetto a cui non c'è rimedio: la carenza, o addirittura la mancanza, di ambizione! I salariati e gli stipendiati che accantonano parte del tempo serale per studiare, in un modo o nell'altro, restano per breve tempo al basso livello in cui si trovano. L'iniziativa apre loro la strada per dare la scalata ai posti superiori, abbatte gli ostacoli che trovano sul cammino, attirando l'interesse e l'amicizia di coloro che hanno la possibilità di innalzarli di grado.

Lo studio a distanza è particolarmente adatto ai bisogni degli impiegati che, dopo la fine della scuola, sentono di dover acquisire saperi specialistici, ma non hanno il tempo per frequentare corsi regolari.

Stuart Austin Wier si era laureato in ingegneria edilizia, lavorando in quel settore fino al periodo della Depressione, quando il mercato lo obbligò a restringere il giro d'affari, facendogli guadagnare meno di quanto avesse bisogno. Allora, dopo aver riflettuto e preso in esame varie possibilità, decise di cambiare professione, iscrivendosi a speciali corsi di giurisprudenza e diventando avvocato per consulenze aziendali. Superò l'esame di Stato per procuratori e in poco tempo mise in piedi un affermato studio legale, con sua grande soddisfazione finanziaria.

Tanto per precisare le cose e anticipare le obiezioni, e le scuse, di quelli che dicono: «Non posso tornare a scuola perché ho una famiglia da mantenere», «Sono troppo vecchio», ecc. ecc., mi affretto a rivelarvi che, quando volle cambiare professione, Wier aveva già superato i quarant'anni e si sposò con la persona incontrata a scuola. Inoltre, scegliendo accuratamente i corsi delle università meglio organizzate, Wier completò in due anni gli esami che la maggioranza degli studenti di legge finisce in quattro anni. È utile sapere come acquisire le conoscenze!

Una semplice ma redditizia idea

Prendiamo in esame un caso particolare.

Un commesso di un negozio di frutta e verdura si ritrovò all'improvviso disoccupato. Siccome aveva una certa esperienza di contabilità, si iscrisse a un corso di ragioneria, lo superò, comprò i più moderni macchinari per ufficio e si mise in proprio. Il suo primo cliente fu il fruttivendolo per cui aveva lavorato, poi guadagnò la fiducia di più di altri cento piccoli commercianti, di cui teneva i libri contabili in cambio di una limitata parcella. La sua idea era talmente utile che, in breve tempo, dovette organizzare un ufficio semovente, in un camioncino dotato di tutte le macchine contabili. Oggi, questo commercialista ha una flotta di uffici "su ruote" e impiega una miriade di ragionieri che tengono a regola d'arte la contabilità di numerosi piccoli imprenditori, sempre a costi contenuti.

La conoscenza specialistica unita a un po' di immaginazione è l'ingrediente principale di questa particolare impresa. L'anno scorso, colui che diede avvio a tutto ciò ha spuntato redditi dieci volte superiori a quelli dichiarati dal fruttivendolo per cui lavorava in precedenza.

Tutto è cominciato da una semplice idea!

Dal momento che sono stato io a suggerirgli l'idea, mi prendo la libertà di presentarne un'altra che potrebbe rivelarsi ancor più produttiva a livello finanziario.

Il neocommercialista all'ingrosso, dopo aver ascoltato la soluzione che proponevo per il suo problema, esclamò: «Mi piace la sua proposta, ma non saprei come convertirla a livello produttivo». In altre parole, *dopo aver* acquisito le conoscenze specifiche, non sapeva come commercializzarle.

A quel punto, c'era un altro problema da risolvere. Fu una giovane dattilografa a pensare di riassumere tutta la storia in un elegante opuscolo in cui si descrivevano i vantaggi del nuovo sistema di tenuta della contabilità. Le pagine copiate e stampate con cura vennero incollate da un tipografo poco esoso: l'opuscolo faceva una pubblicità così convincente che l'originale offerta procurò in poco tempo al neocommercialista più conti da tenere di quanti potesse gestire da solo.

Un piano efficace per ottenere un lavoro ideale

Vi sono migliaia di persone che hanno bisogno dei servizi di uno specialista capace di preparare un piano per pubblicizzarsi.

L'idea che descriverò era nata dalla necessità di risolvere un problema personale urgente, ma alla fine si è rivelata utile per un gran numero di individui. La donna che perfezionò l'idea ha una grande fantasia e vedeva nel parto della sua immaginazione la possibilità di creare una nuova professione, servendo migliaia di individui che hanno bisogno di aiuto pratico per commercializzare i propri servizi.

Stimolata dall'immediato successo del suo primo "piano per divulgare i servizi personali", quest'energica signora si diede da fare per applicarlo a una situazione analoga in cui si trovava suo figlio, che si era appena laureato, ma non riusciva a trovare chi potesse servirsi di lui. Il progetto materno era il miglior esempio di *marketing* che abbia mai visto.

Il libretto stampato era composto da una cinquantina di belle pagine a colori e conteneva informazioni specificamente organizzate in cui si esponevano le qualità del figlio, il suo curriculum scolastico, le esperienze personali e una miriade di altre notizie che sarebbe troppo lungo citare. Naturalmente, il progetto includeva anche la menzione della posizione professionale desiderata e la vivace descrizione di come il postulante l'avrebbe occupata.

Durante la preparazione del libretto, che richiese diverse settimane di fatica, la compilatrice obbligava il figlio ad andare quasi tutti i giorni alla biblioteca pubblica per raccogliere i dati utili onde vendere meglio i servizi. Lo mandava anche da tutti i concorrenti del suo potenziale datore di lavoro per ottenere preziose informazioni sulle loro tecniche professionali, cosa che si rivelò essenziale per la formazione del piano. Una volta finito, il libretto conteneva una decina di utili suggerimenti che il potenziale datore di lavoro avrebbe potuto usare a suo vantaggio.

Non si deve per forza iniziare dal basso

Ci si potrebbe chiedere: «Perché tutto questo arrabattarsi per trovare un lavoro?»

Risposta: «Fare bene una cosa non è mai sbagliato! Il progetto ideato da quella signora a beneficio di suo figlio contribuì a fargli trovare l'occupazione che cercava al primo colloquio e con la paga che lui riteneva adeguata».

Inoltre, e anche questo è importante, la posizione ottenuta gli permetteva di non cominciare dal livello più basso. Lo nominarono subito funzionario, sebbene alle prime armi, al livello retributivo degli altri funzionari.

«Perché arrabattarsi tanto?»

In primo luogo, il *progetto-libretto* gli fece risparmiare come minimo i dieci anni di tempo che ci avrebbe messo se avesse "iniziato dal basso per dare la scalata al successo".

L'idea di farsi le ossa prima di raggiungere i quartieri alti può sembrare saggia, ma ha un difetto: molti di quelli che tengono il profilo basso, facendo i modesti, non riescono mai a sollevare la testa per farsi riconoscere dalle occasioni che si presentano, per cui restano dove sono, cioè nei quartieri infimi. Si deve inoltre ricordare che, viste dal basso, le prospettive future non appaiono mai incoraggianti. In pratica, ne soffre l'ambizione, che potrebbe perfino inaridirsi. Altri definiscono tale condizione "adagiarsi nella mediocrità", che equivale ad accettare il destino per abitudine, che assume una forza tale da farci smettere di provare a cambiarlo: altro motivo per cui è utile cominciare uno o due gradini più in alto del livello infimo. Così, ci si crea la consuetudine di guardarsi attorno, di osservare gli altri che progrediscono e di cogliere le occasioni senza esitare.

Rendere produttiva l'insoddisfazione personale

Dan Halpin è uno splendido esempio del messaggio che ho appena enunciato. Al tempo dell'università, che frequentò a Notre Dame, era l'accompagnatore della famosa squadra di football che vinse il campionato del 1930, il cui allenatore era il compianto Knute Rockne.

Halpin si laureò in un periodo molto sfortunato: la Depressione incideva sul mercato del lavoro, nessuno impiegava più nessuno, per cui, dopo un tentativo nel cinema e nel mondo degli investimenti, si buttò anima e corpo nel primo buco dal presumibile ottimo potenziale, la vendita su commissione di apparecchi acustici elettrici. Chiunque avrebbe potuto buttarsi in quel campo, Halpin lo sapeva, ma tanto bastava per offrirgli nuove occasioni.

Per quasi due anni, tenne duro senza grandi soddisfazioni e non si sarebbe mai elevato se non avesse fatto qualcosa per risolvere la sua insoddisfazione. All'inizio, puntò a diventare vice-direttore commerciale della sua azienda, e ci riuscì. Quel primo successo lo collocò abbastanza al di sopra della media da prospettargli nuove opportunità che, come previsto, non mancarono.

Stabilì primati tanto ragguardevoli nelle vendite di apparecchi acustici che A.M. Andrews, presidente del consiglio di amministrazione della Dictograph Products Company, società concorrente di quella per cui lavorava Halpin, volle saperne di più su quel vicedirettore commerciale che stava rubando una grande fetta di vendite alla Dictograph, nonostante questa fosse stata fondata molto tempo prima.

Lo mandò a chiamare e, alla fine del colloquio, Halpin era il suo nuovo direttore commerciale, per la precisione all'Acousticon Division. Poi, per mettere alla prova il coraggio del giovane Halpin, Andrews andò per tre mesi in Florida, lasciandolo galleggiare nel nuovo lavoro, libero di nuotare o affondare. Rimase a galla! Lo spirito appreso da Knute Rockne: «A tutti piacciono i vincenti», lo indusse a impegnarsi tanto da venire eletto vicepresidente dell'intera società, una carica a cui molti sarebbero orgogliosi di arrivare dopo dieci anni di sudate fatiche. Halpin ci mise meno di sei mesi.

Con questo intendo enfatizzare il concetto per cui si arriva in alto, o si rimane in basso, a causa delle condizioni che possiamo controllare, se desideriamo farlo.

I nostri colleghi sono impagabili

Un altro punto che desidero sottolineare è che tanto il successo quanto l'insuccesso dipendono in gran parte dall'*abitudine*. Non ho il minimo dubbio che la stretta collaborazione di Dan Halpin con il più grande allenatore americano di football mai vissuto abbia instillato nella sua mente lo stesso desiderio di eccellere che rese celebre nel mondo la squadra di Notre Dame.

La mia convinzione che i colleghi e i collaboratori siano fattori essenziali per la crescita e la carriera personale è chiaramente dimostrata anche da mio figlio Blair. A un certo punto, si rivolse a Halpin per chiedergli lavoro. Questi gli offrì uno stipendio iniziale dimezzato rispetto a quello offerto da un concorrente. Da parte mia, ho fatto valere i consigli paterni, inducendo mio figlio ad accettare di lavorare per Halpin, perché ritengo che la cooperazione con chi rifiuta il compromesso con circostanze esterne sfavorevoli sia un vantaggio non misurabile in termini monetari.

Cominciare dal basso è noioso e spesso improduttivo in prospettiva futura. Ecco perché mi sono dilungato a spiegare in che modo aggirare con un'adeguata progettazione le difficoltà di un inizio modesto.

Fate sì che la vostra idea vi ricompensi con la conoscenza specialistica

La donna che preparò il "piano di vendita dei servizi personali" per suo figlio ebbe tantissime richieste da ogni parte del paese: tutti volevano che creasse anche per loro progetti simili per commercializzare meglio i propri servizi e guadagnare così più soldi.

Non si deve supporre che i suoi progetti consistessero semplicemente in una migliorata capacità di vendersi con cui si possa pretendere più denaro per gli stessi servizi in precedenza offerti a buon mercato. Quella signora teneva conto anche degli interessi dei compratori, sicché ideava i suoi piani di modo che questi ricevessero il giusto controvalore per le parcelle pagate.

Se avete fantasia e cercate uno sbocco più produttivo per i vostri servizi, questo suggerimento potrebbe essere lo stimolo che vi serve. L'idea è in grado di far fruttare un reddito di gran lunga superiore a quello di un medico, di un avvocato o di un ingegnere di medio livello, i quali hanno dovuto studiare per lunghi anni.

Le idee valide non hanno prezzo!

Sottesa a ogni idea brillante vi è la conoscenza specializzata. Purtroppo, per quelli che non sanno arricchirsi, è più facile acquisire la specializzazione che le idee. A causa di tale assioma, vi è una grande richiesta di persone capaci di aiutare gli altri a vendere bene i loro servizi. Questa capacità implica immaginazione, la qualità necessaria per abbinare le cognizioni alle idee sotto forma di progettazioni organizzate che rendono a livello finanziario.

Se avete sufficiente immaginazione, questo capitolo vi ha presentato un'idea utile per instradarvi verso l'arricchimento che desiderate. Ricordate che le idee sono alla base di tutto. Le conoscenze specialistiche sono rintracciabili dietro l'angolo, qualsiasi angolo!

VI

L'IMMAGINAZIONE

IL LABORATORIO DELLA MENTE
Quinto passo verso la ricchezza

L'immaginazione è il vero laboratorio mentale in cui prendono forma tutti i progetti che creiamo. Il desiderio come impulso fondamentale viene prima plasmato e poi messo in pratica grazie alla facoltà immaginativa della mente.

È stato affermato che l'uomo può creare qualsiasi cosa che è in grado di immaginare.

Applicando questa fantasiosa facoltà, nell'ultimo secolo sono state scoperte e sfruttate più abilità che in tutta la precedente storia umana. L'uomo ha conquistato gli spazi celesti, ha studiato e soppesato il sole alla distanza di milioni di chilometri, stabilendo gli elementi da cui è composto grazie all'immaginazione; ha velocizzato i trasporti, al punto che oggi è possibile viaggiare a più di novecento chilometri all'ora.

Entro i confini razionali, non vi sono limiti allo sviluppo e all'uso dell'immaginazione umana. Non abbiamo ancora raggiunto la vetta nel perfezionamento di tale facoltà della mente. Abbiamo scoperto solo di averla e iniziato a impiegarla in maniera elementare.

Due tipi di immaginazione

Questa facoltà funziona in due modi: la prima è detta "immaginazione sintetica", la seconda "immaginazione creativa".

Sintetica: è la capacità di ridisporre in nuove combinazioni idee, piani o concetti noti. Non può *creare* nulla: si limita ad adoperare il materiale dell'esperienza, dell'istruzione e dell'osservazione con cui la alimentiamo. Di solito sono gli inventori a usarla, mentre i "genî" attingono all'immaginazione creativa quando, solo con quella sintetica, un problema appare irrisolvibile.

Creativa: è quella che permette alla limitata mente dell'uomo di entrare in comunicazione diretta con l'Intelligenza Infinita. Questa facoltà è corroborata dalla ricezione di "ispirazioni o intuizioni", con cui vengono trasmesse all'uomo tutte le idee, nuove o eterne. Tale immaginazione permette a un individuo di sintonizzarsi anche col subconscio di altri uomini, comunicando con loro.

L'immaginazione creativa funziona in modo automatico, nella maniera che descriverò più avanti. Essa agisce solo quando la coscienza lavora a ritmo serrato, per esempio, allorché la stimoliamo con l'emozione del *desiderio ardente*.

La creatività si acuisce nella misura in cui la sviluppiamo con l'uso.

I grandi capi d'industria, della finanza e del commercio, oltre agli artisti, ai musicisti, ai poeti e agli scrittori, hanno raggiunto l'eccellenza sviluppando la creatività.

Anche l'immaginazione sintetica si acuisce con l'uso, proprio come i muscoli e gli organi del corpo.

Il desiderio è solo un pensiero, un impulso mentale, che resta astratto, nebuloso ed effimero, perciò senza valore, se non lo si trasforma nel suo corrispettivo concreto. Anche se per convertire il desiderio in denaro dovrete usare più spesso l'immaginazione sintetica, non dimenticate che potreste dover affrontare eventi e situazioni che richiedono l'applicazione della creatività.

Esercitate la fantasia

Forse la vostra immaginazione si è indebolita a causa dell'inattività a cui l'avete costretta. Ma la potete ravvivare e fortificare con l'uso: infatti, non è una facoltà che si estingue del tutto, magari è solo attenuata.

Focalizzate per il momento l'attenzione sullo sviluppo dell'immaginazione sintetica, dato che per la conversione del desiderio in denaro si usa più spesso questa facoltà.

La trasformazione di un impulso mentale immateriale in realtà tangibile richiede l'applicazione di uno o più progetti. Si tratta di piani da mettere a punto soprattutto con l'aiuto della capacità di sintetizzare i fatti.

Leggete tutto il libro e poi tornate a questo capitolo, iniziando subito ad applicare la fantasia per il perfezionamento di uno o più piani di conversione del vostro desiderio in somme di denaro. Troverete istruzioni dettagliate per sviluppare progetti quasi in ogni capitolo. Seguite le istruzioni che meglio soddisfano i vostri bisogni e, se non lo avete già fatto, riducete il progetto in forma scritta.

Nel momento in cui avrete completato questa fase, avrete dato forma concreta al desiderio immateriale. Rileggete la frase precedente. Leggetela a voce alta, molto lentamente e, così facendo, ricordate che, quando metterete per iscritto l'affermazione del vostro desiderio e un progetto per realizzarlo, avrete fatto il primo di una serie di passi che vi permetteranno di tramutare il pensiero o impulso mentale nella sua controparte concreta.

Le leggi che reggono e favoriscono la fortuna

Il pianeta in cui viviamo insieme a tutte le altre cose materiali è l'esito del cambiamento e dell'evoluzione, degli agglomerati di materia microscopica che si sono organizzati e ridisposti in modo ordinato.

Inoltre, e questa frase è di enorme importanza, questo pianeta e i miliardi di cellule del corpo umano, nonché ogni atomo di materia esistente, *derivano originariamente da una forma intangibile di energia.*

Il desiderio è un impulso di pensiero e gli impulsi mentali sono forme di energia! Allorché applichiamo il desiderio ardente per arricchirci, stiamo arruolando al nostro servizio la stessa "sostanza" di cui si è avvalsa la natura per creare la terra e ogni atomo dell'universo, inclusi il corpo e il cervello ove agisce quell'impulso mentale.

Sfruttando le leggi eterne e immutabili che reggono questo gioco, potrete accumulare una fortuna finanziaria. Prima di tutto, però, occorre familiarizzarsi con tali leggi e imparare a usarle. Ripetendole e presentandovele da ogni possibile angolazione, spero di svelarvi il segreto grazie al quale sono stati affastellati tanti imperi economici. Per quanto possa sembrare strano e paradossale, questo "segreto" non è occultato. È la natura stessa a pubblicizzarlo sul pianeta in cui abitiamo, nelle stelle, negli altri pianeti sospesi nel cielo, negli elementi sopra di noi e attorno a noi, in ogni filo d'erba, in tutte le forme che assume la vita.

I princìpi che esporrò acuiranno ulteriormente la vostra comprensione della facoltà di immaginazione. Entrando in contatto per la prima volta con questa filosofia, assimilate i princìpi che afferrate con prontezza; poi, durante la rilettura e lo studio, scoprirete che è successo qualcosa che vi chiarirà meglio il tutto. In ogni caso, non abbandonate il campo, non esitate a studiare i princìpi finché non avrete letto almeno *tre volte* il libro; allora, vi accorgerete di non voler più smettere di imparare.

Come usare l'immaginazione in senso pratico

Le idee che stanno alla base di ogni fortuna, e ne sono l'esordio, rappresentano il prodotto dell'immaginazione. Analizziamone alcune, le più celebri, quelle che hanno dato il loro contributo per l'accumulo di grandi fortune, sperando che tale esposizione vi sia utile per capire i metodi di cui si serve la facoltà immaginativa per accaparrare le ricchezze.

La marmitta magica

Molti anni fa un vecchio medico di campagna si recò con il suo calesse in paese, legò il cavallo e scivolò rapidamente nella drogheria, passando dalla porta di servizio e intavolando un mercanteggiamento col giovane commesso.

I due conversarono a bassa voce per più di un'ora nel retrobottega, poi il medico uscì, tornò verso il calesse e riportò nel negozio una vecchia ed enorme marmitta, quasi un pentolone, con una grande spatola di legno per mescolare il contenuto del recipiente, offrendole al commesso.

Questi ispezionò la marmitta, si frugò in tasca e ne estrasse un rotolo di banconote che consegnò al medico. Il rotolo conteneva esattamente cinquecento dollari, i risparmi di tutta la sua vita!

Il medico gli consegnò allora un foglietto di carta su cui aveva vergato una formula segreta. Le parole scritte su quel foglietto valevano il riscatto di un re! *Ma non per il medico!* Erano le parole magiche necessarie per portare la marmitta al punto di bollitura, ma né quel dottore né il giovane droghiere immaginavano quali favolose fortune erano destinate a traboccare dalla pentola.

Il vecchio medico era contento di vendere quelle cose per cinquecento dollari. Il commesso della drogheria stava scommettendo i risparmi della sua vita su un foglio di carta e una vecchia marmitta! Non si sognava neppure che il suo investimento l'avrebbe un giorno fatta traboccare di tanto oro da oscurare il miracolo della lampada di Aladino.

In effetti, il giovanotto aveva *acquistato un'idea!*

Il marmittone, la spatola di legno e il messaggio segreto sul foglietto erano casuali. Il miracolo della marmitta iniziò a fruttare dopo che il nuovo proprietario aggiunse alla formula segreta un ingrediente di cui il medico non sapeva nulla.

Siete capaci di scoprire cosa aggiunse il droghiere alla formula segreta innescando un processo che fece tracimare d'oro la pentola? Ecco, tanto per iniziare, la conta dei fatti, una storia più fantasiosa dell'invenzione, tutti eventi originati da un'idea.

Intanto, elenchiamo le fortune economiche arrecate e tuttora garantite a donne e uomini di tutto il mondo che distribuiscono il contenuto della marmitta a milioni di persone.

La vecchia marmitta è attualmente il maggior consumatore di zucchero del mondo e offre lavoro su base permanente a migliaia di operai occupati nella coltivazione della canna da zucchero, nella successiva raffinazione e commercializzazione del prodotto.

La vecchia marmitta consuma ogni anno milioni di bottigliette di vetro, creando così un indotto di migliaia di posti per la produzione vetraria.

La vecchia marmitta rende necessari i servizi di un esercito di impiegati, stenografi, creativi e pubblicitari in tutta la nostra nazione. Ha fatto la fortuna e assicurato la fama a centinaia di artisti che hanno disegnato magnifici quadri e bozzetti per illustrare le qualità del prodotto.

La vecchia marmitta ha trasformato una piccola città nella capitale commerciale e affaristica di tutta la nazione: oggi arricchisce, direttamente o indirettamente, ogni attività e ogni abitante della città.

L'influsso di quest'idea reca vantaggi anche a ogni paese civile del mondo, riversando un'inesauribile vena d'oro a tutti quelli che vi entrano in contatto.

L'oro che si spande dalla marmitta ha permesso la fondazione e consente il mantenimento di una delle università più importanti degli Statu Uniti, dove migliaia di giovani possono ricevere l'istruzione che li arricchirà.

Se il prodotto della vecchia marmitta di ottone potesse parlare, racconterebbe eccitanti storie d'amore in ogni lingua: romanzi, novelle d'affari, biografie di professionisti, donne e uomini, che ne sono continuamente stimolati.

Anch'io ne faccio parte e potrei raccontare una storia del genere, che oltretutto iniziò poco lontano dal luogo in cui il giovane commesso acquistò la vecchia pentola. Fu lì, infatti, che incontrai mia moglie, colei che mi svelò, per prima, la vicenda della favolosa marmitta magica. Ed era il prodotto di quella pentola che bevemmo insieme quando le chiesi di accettarmi "nel bene e nel male".

Chiunque siate, ovunque vi troviate, qualsiasi occupazione svolgiate, ricordate sempre, ogniqualvolta vedete il marchio della Coca Cola, che il suo vasto impero di ricchezza e influenza è nato da una sola idea e che il misterioso ingrediente aggiunto dal giovane droghiere – Asa Candler – alla formula segreta era l'*immaginazione*!

Fermatevi per un attimo a riflettere.

Non dimenticate neppure che le fasi per raggiungere il successo e arricchirvi descritte in questo libro sono state lo strumento con cui l'influenza della Coca Cola si è estesa in ogni città, paese, villaggio e incrocio di strada del mondo, e che qualunque idea possiate creare, *purché sana e meritevole* come la Coca Cola, ha la possibilità di raddoppiare i primati stabiliti da questa bibita dissetante internazionale.

Che cosa farei se avessi un milione di dollari

Questa storia conferma la verità del vecchio proverbio per cui "se c'è la volontà, si trova il modo". Me l'aveva raccontata l'ottimo pedagogista, nonché sacerdote, Frank W. Gunsaulus, purtroppo deceduto.

Quando frequentava l'università, notò i difetti del sistema educativo che avrebbe voluto correggere se fosse stato rettore.

Poi decise di istituire una nuova università in cui mettere in pratica le sue idee senza farsi influenzare dai metodi pedagogici ortodossi.

Per realizzare il progetto gli occorreva però un milione di dollari! Come avrebbe fatto a posare le mani su una somma di denaro tanto considerevole? Questo era l'interrogativo che occupava la mente del giovane predicatore.

Per quanto si sforzasse, non riusciva a compiere progressi.

Ogni sera, andava a letto con questo pensiero che gli frullava in testa. Ogni mattina aveva quel chiodo fisso, che portava con sé ovunque andasse. Se lo rigirava nella mente fino a farlo diventare una vera *ossessione*.

Essendo un filosofo, oltre che predicatore, Gunsaulus riconobbe, come tutti quelli che hanno successo, che la *chiarezza di intenti* è il punto d'avvio da cui non si può prescindere. Si rese inoltre conto che essa assume vita, animazione e forza se è sostenuta da un desiderio ardente di tradurre l'obiettivo da raggiungere nel suo equivalente materiale.

Sapeva tutte queste cose, eppure non capiva dove o come avrebbe potuto mettere le mani su un milione di dollari. Molti si sarebbero arresi dicendo: «Sì, la mia idea è ottima, ma non posso farci nulla perché non sarò mai capace di procurarmi i soldi necessari». La maggioranza si comporta così, ma non Gunsaulus: ciò che disse a se stesso e poi realizzò è talmente importante che lascio a lui la parola.

«Era sabato pomeriggio e sedevo in salotto pensando a come raccogliere i fondi per realizzare il mio piano. Ci stavo pensando da due anni, *non avevo fatto altro che pensarci!* Era arrivato il tempo di agire.

«Decisi allora che mi sarei procurato il milione di dollari entro la settimana. In che modo? La cosa non mi interessava. Il fatto importante era la *decisione* di ottenerlo entro una data stabilita e preciso subito che, nel momento stesso in cui mi assunsi questo impegno, venni invaso da una strana sensazione di sicurezza, mai provata prima. Dentro di me, qualcosa sembrava dire: "Perché non hai preso la decisione tanto tempo fa? Il denaro ti stava aspettando da allora!"

«Gli eventi si succedettero in fretta. Telefonai ai giornali annunciando che la mattina seguente avrei pronunciato una predica dal titolo: "Che cosa farei se avessi un milione di dollari".

«Cominciai subito a prepararla, ma ammetto che per me era facile, dato che erano quasi due anni che ci pensavo.

«Finii molto prima di mezzanotte, mi coricai e mi addormentai con una sensazione di sicurezza perché *già immaginavo di possedere il milione di dollari.*

«La mattina dopo mi alzai di buon'ora, andai in bagno, rilessi la predica e pregai in ginocchio che potesse attirare l'attenzione di qualcuno in grado di finanziare il progetto.

«Mentre pregavo, ero certo che sarebbero arrivati i soldi. Ero così eccitato che uscii di casa senza i fogli su cui avevo trascritto la predica, ma non me ne accorsi finché non mi trovai sul pulpito.

«Era troppo tardi per tornare a prendere le annotazioni, ma tutto sommato fu un bene! Infatti, il subconscio mi fornì tutto il materiale di cui avevo bisogno. Quando mi alzai per iniziare a parlare, chiusi gli occhi e descrissi i miei sogni col cuore in mano. Credo che non parlassi solo al pubblico convenuto, ma anche a Dio. Spiegai cosa avrei fatto col milione di dollari se me lo avessero consegnato. Descrissi il piano che avevo in mente per fondare e organizzare un grande sistema educativo in cui i giovani avrebbero appreso a eseguire le cose pratiche e al contempo coltivato l'intelligenza.

«Quando finii, un uomo si alzò lentamente dalla sua sedia, verso il fondo della sala, e venne verso il pulpito. Mi chiedevo cosa volesse fare. Mi tese la mano e disse: "Il suo sermone mi è piaciuto, reverendo. Sono sicuro che, se avesse la cifra necessaria, potrà realizzare tutto ciò che ha sostenuto. Per dimostrarle che credo in lei e nelle sue parole, la invito a venire domani nel mio ufficio, dove le consegnerò il milione che le serve. Mi chiamo Phillip D. Armour"».

Il giovane Gunsaulus si recò nell'ufficio di Armour ed entrò in possesso dei soldi, con cui fondò in breve tempo l'Armour Institute of Technology, ora noto come Illinois Institute of Technology.

Il denaro necessario arrivò grazie a una semplice idea, dietro alla quale stava un desiderio che Gunsaulus aveva incubato e coltivato per quasi due anni.

Notate il fatto che il reverendo ottenne i soldi appena trentasei ore dopo esser giunto alla decisione di procurarseli per mezzo di un'azione precisa.

Nella sua vaga speranza di accumulare un milione di dollari non c'era nulla di nuovo o di unico. Altri prima di lui, e dopo di lui, hanno avuto pensieri simili. La cosa speciale e diversa era la decisione a cui giunse in quel memorabile sabato pomeriggio, quando accantonò le vaghe speranze per dire: «*Otterrò* il denaro entro una settimana!»

Inoltre, il principio di cui si servì Gunsaulus per procurarsi il denaro è tuttora valido e produttivo! Anche voi potete avvalervene e metterlo in pratica! Si tratta di una legge universale, applicabile ancora oggi come quando la usò con tanto successo il giovane predicatore.

Come trasformare le idee in denaro

Asa Candler e Frank Gunsaulus condividevano un determinato tratto caratteriale: entrambi sapevano che le idee sono traducibili in denaro grazie al potere di un obiettivo preciso (la chiarezza di intenti) abbinato a un progetto e a un'organizzazione programmata.

Se siete fra quelli che ritengono che, da soli, l'onestà e il duro lavoro possano arricchirvi, cambiate modo di pensare! Non è vero! Quando si accumulano in gran copia, le ricchezze non sono mai soltanto il frutto del lavoro indefesso. Se vi arricchirete, sarà perché lo avete voluto con determinazione, in base a un intenso desiderio e applicando precisi princìpi, e non per un colpo di fortuna.

In senso generale, un'idea è un impulso mentale che sprona all'azione facendo appello all'immaginazione. Tutti i grandi venditori sanno che, quando non si può piazzare la merce, è possibile vendere le idee. I venditori comuni non lo sanno, ecco perché sono "comuni".

Un editore di libri economici fece una scoperta che dovrebbe interessare anche tutti gli altri editori. Si era accorto che molti comprano i libri per il titolo e non per il loro contenuto. Cambiando il titolo di un volume che veniva restituito ai distributori, senza variare minimamente il testo, arrivò a venderne più di un milione di copie. Si limitò a strappare le copertine col vecchio titolo, rinfrescando la veste grafica, evitando così perfino di ristampare i volumi.

Questa sì che è un'idea! Fantasia allo stato puro.

L'immaginazione non ha un prezzo stabilito: i creativi impongono le idee e fanno il mercato; se sono bravi, vengono pagati come meritano.

La storia di quasi tutti i successi economici esordisce il giorno in cui un creatore di idee e un venditore di idee si mettono assieme e collaborano armoniosamente. Andrew Carnegie si circondò di uomini che sapevano fare tutto ciò che lui non sapeva fare, uomini pieni di immaginazione, creativi che trasformavano le idee in azioni pratiche, arricchendo così se stessi e gli altri.

Ci sono milioni di persone che passano la vita a sperare in un "colpo" fortunato. Forse chi fa un colpo può avere un'occasione, ma i progetti migliori non dipendono dalla fortuna. È stato un caso a darmi la migliore occasione della vita, *ma* ci ho messo venticinque anni di *impegno e determinazione* per trasformarla in un vantaggio perpetuo.

La mia fortuna fu quella di incontrare Andrew Carnegie e di guadagnarmi la sua fiducia e collaborazione. Allora, lui mi inculcò l'idea di cercare di spiegare i princìpi del successo, integrandoli in una filosofia coerente. Migliaia di persone hanno sfruttato le scoperte che ho compiuto in questi venticinque anni di ricerca; inoltre, varie fortune finanziarie sono state accumulate grazie all'applicazione di tale filosofia. L'impulso era stato semplice: un'idea che avrebbe potuto avere chiunque.

La fortuna assunse l'aspetto di Carnegie, ma che dire della determinazione, della chiarezza di intenti, del desiderio di raggiungere l'obiettivo, della tenacia da me praticata per ben venticinque anni? Non poteva essere un normale desiderio di sopravvivere alle delusioni, allo scoraggiamento, alle battute d'arresto, alle critiche e al costante timore di "perdere tempo". Era un desiderio ardente! Una vera ossessione!

Quando Carnegie mi instillò l'idea, la nutrii, la indussi a *rimanere viva*. Col tempo, sviluppandone la forza, la feci diventare un gigante, finché non mi stimolò e non mi motivò a maggiori azioni. Le idee sono fatte così. All'inizio, si infonde loro vita e applicabilità pratica, poi prendono il sopravvento e abbattono ogni ostacolo.

I pensieri e l'immaginazione sono forze intangibili, immateriali, ma sviluppano un potere più forte di quello della mente che li ha originati. Hanno la capacità di sopravvivere anche dopo che il cervello che li ha ideati è tornato allo stato di polvere.

VII

LA PROGRAMMAZIONE ORGANIZZATA

LA CRISTALLIZZAZIONE DEL DESIDERIO IN AZIONE
Sesto passo verso la ricchezza

Avete appreso che tutte le cose create o acquisite dall'uomo esordiscono in forma di desiderio, che il desiderio compie il primo giro di pista, dall'astrazione alla concretezza, nel laboratorio dell'immaginazione, dove si ideano e si organizzano i progetti per la sua applicazione pratica.

Nel secondo capitolo ho esposto le sei fasi pratiche per tradurre il desiderio nel suo equivalente monetario. Una di tali fasi è la formazione di uno o più precisi piani per attuare quella trasformazione.

Ora presenterò in che modo organizzare questi progetti a livello concreto:

a. Alleatevi con un gruppo di persone, numeroso quanto serve, per creare ed eseguire uno o più programmi per l'accumulo del denaro, usando il principio della "mente superiore" di cui parlerò in un successivo capitolo. (Non trascurate questo punto, è essenziale).

b. Prima di formare l'"alleanza di cervelli", stabilite quali vantaggi e benefici potete procurare ai membri del vostro gruppo in cambio della loro collaborazione. Nessuno lavora a tempo indeterminato senza un corrispettivo. Nessun uomo intelligente si aspetta dagli altri una cooperazione senza offrire un'adeguata ricompensa, anche se questa può essere in una forma non monetaria.

c. Fate in modo di riunirvi col vostro gruppo almeno due volte alla settimana, se possibile anche più spesso, finché non avrete messo a punto i progetti necessari per realizzare l'obiettivo finanziario.

d. Mantenete l'armonia perfetta con ogni membro dell'"alleanza di cervelli". Se non ci riuscite, andrete incontro al fallimento. Perciò, l'osservanza di questo principio dev'essere letterale, ovvero prevedere l'armonia "perfetta", quella in cui tutti remano dalla stessa parte.

Non dimenticate questi fatti:

PRIMO: Siete impegnati in un'impresa estremamente importante per i vostri fini. Per essere sicuri del successo, si devono avere progetti impeccabili.

SECONDO: Dovete servirvi dell'esperienza, dell'istruzione, delle capacità innate e dell'immaginazione di altre persone. Tutti quelli che si sono arricchiti si sono comportati così.

Nessuno ha sufficiente esperienza, istruzione, abilità innata e conoscenze da potersi arricchire senza la collaborazione altrui. Ogni piano organizzato e messo in pratica dovrebbe essere la creazione collegiale di un'"alleanza di cervelli". Forse sarete voi stessi a ideare, in tutto o in parte, i programmi, ma fate sì che essi vengano controllati e approvati dagli altri membri del gruppo; i progetti devono essere uno sforzo congiunto e collettivo.

Se fallisce il primo piano, provatene un altro!

Se il primo progetto non funziona a dovere, rimpiazzatelo con uno nuovo; se anche questo fallisce, ideatene un terzo e così via, fino a trovare un programma che garantisce il successo. La maggioranza delle persone fallisce a questo punto perché non ha la necessaria tenacia per creare nuovi piani, capaci di sostituire quelli che non funzionano.

Nemmeno l'uomo più intelligente al mondo può arricchirsi – o riuscire in alcunché – senza progetti pratici e applicabili nella realtà. Ricordate sempre che, se un vostro piano va a vuoto, la sconfitta è temporanea, non un fallimento eterno. Significa solo che il piano non era valido; create altri programmi, ricominciate il ciclo.

Le temporanee battute d'arresto alludono solo a una cosa: la certezza che nel piano vi era una falla. Milioni di uomini vivono in miseria perché non hanno un piano efficace per accumulare una fortuna.

I risultati e le realizzazioni sono commisurati, né più né meno, alla validità dei progetti attuati.

Nessuno è sconfitto finché non se la dà a gambe, *nella sua mente*.

James J. Hill si imbatté in un fallimento passeggero durante il primo tentativo di raccogliere i capitali necessari per costruire la ferrovia dall'Atlantico al Pacifico, ma trasformò la sconfitta in vittoria *ideando nuovi piani.*

Henry Ford andò incontro a dure sconfitte non solo agli inizi della sua carriera di costruttore di automobili, ma anche quando era ormai un magnate. Allora, inventò nuovi progetti e rimpinguò le sue sostanze.

Ci accorgiamo dei vincenti solo quando sono ricchi, ignari delle sconfitte che hanno subìto e superato prima di "arrivare".

Nessuno che segua questa filosofia può ragionevolmente aspettarsi di accumulare una fortuna senza subire rovesci, se non altro nei primi tempi. Se perdete, accettatelo come dimostrazione del fatto che i vostri piani non erano impeccabili; ricostruiteli e fate di nuovo vela verso la destinazione preordinata. Se rinunciate prima di raggiungere l'obiettivo, siete dei "conigli". *Chi scappa non vince mai* e, per converso, *chi vince non scappa mai.* Segnate questa frase, scrivetela a caratteri cubitali su un foglio di carta e appendetela in un luogo in cui la possiate vedere giorno e notte, quando vi coricate e quando vi alzate.

Quando scegliete i membri dell'"alleanza di cervelli", cercate di selezionare quelli che non si spaventano per le sconfitte e i fallimenti temporanei.

Alcuni ritengono erroneamente che solo il denaro produca altro denaro. Questo è falso! Lo strumento con cui si "fanno i soldi" è il desiderio tramutato nel suo equivalente finanziario con l'applicazione dei princìpi qui esposti. In sé, il denaro non è altro che materia inerte. Non si può muovere, non pensa, non parla, né può "udire" se è invocato da un uomo che lo desidera!

Programmare la vendita di servizi personali

L'oculata programmazione è un elemento essenziale del successo in qualsiasi azione intrapresa per arricchirsi. Ecco alcuni consigli da cui non può prescindere chiunque voglia accumulare denaro vendendo servizi personali.

Dovrebbe essere stimolante sapere che quasi tutte le fortune economiche derivano dalla ricompensa per le idee o i servizi offerti. Cosa altro può offrire chi non ha proprietà private, in cambio del denaro che vuole?

Gran parte dei dirigenti comincia da umile discepolo

In senso lato, nel mondo ci sono due tipi di persone: i leader, o coloro che danno le direttive, e i seguaci, quelli che le eseguono. Decidete fin dall'inizio se, nel vostro settore di lavoro, siete interessati a diventare un leader o a restare uno dei tanti esecutori. La differenza dei compensi, come sapete, è notevole. Chi obbedisce non può aspettarsi i risarcimenti monetari a cui ha diritto chi comanda, benché vi siano semplici esecutori che li pretendono.

Peraltro, non è una disgrazia rimanere al livello degli esecutori: bisogna semplicemente decidere cosa fare. Molti dirigenti hanno cominciato come umili impiegati, passando fra i quadri e i funzionari proprio perché sapevano essere ottimi esecutori. Tranne poche eccezioni, chi non sa assecondare un capo con intelligenza non potrà mai sostituirlo. Per contro, l'uomo che sa obbedire con intelligenza ed efficienza sviluppa in breve tempo le capacità che occorrono per comandare. Un ottimo esecutore ha numerosi vantaggi, non ultima l'occasione di imparare da chi gli dà gli ordini.

Le qualità principali di un leader

Ecco undici fattori essenziali per svolgere bene il ruolo di capo.

1. *Intrepido coraggio.* Si deve fondare sulla conoscenza di sé e della propria professione. A nessun sottoposto piace essere comandato da uno a cui mancano coraggio e sicurezza personale. Del resto, nessun impiegato intelligente asseconderà a lungo un leader simile.

2. *Autocontrollo.* Chi non sa controllarsi non potrà mai comandare gli altri. L'autocontrollo stabilisce inoltre l'esempio a cui si conformeranno i sottoposti, specie i migliori.

3. *Acuto senso di giustizia.* Senza capacità di giudicare onestamente, nessuno può dare ordini e mantenere il rispetto dei discepoli.

4. *Chiarezza nelle decisioni.* Il leader che è indeciso e titubante mostra la sua insicurezza e non può indurre gli altri a seguirlo.

5. *Precisione progettuale.* Il leader di successo deve pianificare il lavoro e *metterlo in pratica.* Un capo che procede per tentativi, cercando di indovinare la mossa giusta, senza programmazione organiz-

zata, è paragonabile a una nave senza timone. Prima o poi finirà per incagliarsi o per cozzare contro le rocce.

6. *L'abitudine a percorrere un miglio in più.* Un leader deve saper accettare la necessità di fare più di quanto pretende dai suoi sottoposti.

7. *Una personalità attraente.* Nessuna persona sciatta e poco affascinante può diventare un punto di riferimento per gli altri. Chi comanda deve farsi rispettare e chi obbedisce non rispetta un capo che non ha una personalità sufficientemente attraente.

8. *Simpatia e comprensione.* Il leader di successo deve avere la simpatia dei suoi seguaci e collaboratori. Inoltre, deve capire i loro problemi e difficoltà, anche personali.

9. *Padronanza dei dettagli.* Il leader deve saper gestire ogni particolare della sua posizione.

10. *Disponibilità ad accettare la piena responsabilità.* Chi comanda deve essere disposto ad assumersi le responsabilità per gli errori e i difetti dei suoi sottoposti. Se cerca di scaricare le sue responsabilità, lo sbalzeranno dal posto di comando. Se uno dei seguaci commette un errore e si dimostra incompetente, è il capo a doversi accusare del fallimento.

11. *Cooperazione.* Il leader di successo deve comprendere e *applicare* il principio della collaborazione, facendosi apprezzare dai sottoposti anche quando interagisce con loro. I posti di comando richiedono potere e il potere richiede la cooperazione.

Esistono due forme di attitudine al comando. La prima è di gran lunga la più efficace e implica l'accettazione per simpatia da parte dei sottoposti. La seconda è quella imposta con la forza, contro la volontà e l'accettazione dei collaboratori.

La storia umana è gremita di esempi a dimostrazione che il comando imposto forzatamente non può durare. La caduta, spesso rovinosa, di re e dittatori è significativa: ciò vuol dire che il popolo non asseconda a lungo chi si impone in modo brutale.

Napoleone, Mussolini e Hitler sono stati leader che usavano la forza per farsi rispettare. La loro dittatura non ha lasciato tracce. L'unico segno del comando che si tramanda nei secoli è la *leadership accettata dai sottoposti.*

Gli uomini accettano di farsi guidare con la forza per un periodo temporaneo, e lo fanno di malavoglia.

Chi invece abbina gli undici fattori succitati, coniugandoli ad altre qualità positive, sarà seguito e rispettato ovunque, avendo grandi possibilità di raggiungere i superiori livelli di comando in qualunque attività.

Le dieci cause principali di fallimento nel comando

Siccome sapere *ciò che non si deve fare* è altrettanto importante di quello che si deve fare, ecco di seguito i maggiori difetti personali da cui devono guardarsi i leader.

1. *Incapacità nell'organizzazione dei dettagli.* Un leader efficiente deve saper gestire ogni particolare aspetto del suo lavoro. Nessun capo degno di tale nome sarà mai "troppo impegnato" per fare una cosa che è suo dovere eseguire in quanto capo. Chi, capo o sottoposto, ammette di essere "troppo occupato" per cambiare i suoi piani o per prestare attenzione a un caso urgente, riconosce la sua inefficienza. Chi comanda deve avere la padronanza di tutti i dettagli che competono alla sua posizione. Questo comunque significa anche che deve saper delegare le questioni secondarie ai suoi luogotenenti.

2. *Indisponibilità ad abbassarsi rendendo servizi umili.* Se lo richiede l'occasione, i veri grandi leader sono disposti a eseguire ogni tipo di mansione che di solito demandano agli altri. "Che i più grandi fra di voi siano servi di tutti gli altri" è un verità che i bravi capi osservano e rispettano.

3. *Aspettarsi di essere remunerati per quanto si "sa", anziché per quello che si fa con ciò che si sa.* Il mondo non paga la quantità di nozioni che si hanno, ma quello che esse ci permettono di compiere o di indurre gli altri a fare.

4. *Timore della concorrenza dei sottoposti.* Chi ha paura che un collaboratore di più basso livello voglia scalzarlo dal posto può esser sicuro che, prima o poi, essa diventerà realtà. Un capo abile addestra chi possa sostituirlo delegandogli di tanto in tanto qualche sua

mansione specifica. Solo in questo modo egli si sdoppia e può es
sere in diversi posti, prestando attenzione a più cose contempora
neamente. È una verità eterna che gli uomini sono pagati, oltre che
per i loro sforzi, per la *capacità di indurre gli altri a lavorare profi*
cuamente. Un capo che conosce bene il suo lavoro e ha una perso
nalità attraente può incrementare di gran lunga l'efficienza dei col
laboratori, facendo loro rendere servizi migliori e maggiori di quan
to farebbero senza il suo sprone.

5. *Mancanza d'immaginazione.* Se non ha fantasia, un capo non potrà
mai gestire le emergenze, né ideare progetti con cui guidare e mo
tivare i sottoposti.

6. *Egoismo.* Il capo che si arroga tutti gli onori guadagnati anche gra
zie agli sforzi dei suoi dipendenti può star sicuro di venire odiato.
Chi è davvero bravo non pretende onori, si accontenta di veder gra
tificare i suoi impiegati, perché sa che gli uomini si impegnano di
più se, oltre alla paga, ricevono lodi e ringraziamenti.

7. *Intemperanza.* I sottoposti non rispettano un capo intemperante o
sregolato. Inoltre, gli eccessi di ogni genere minano la salute di chi
vi indulge.

8. *Slealtà.* Avrei dovuto mettere questo difetto al primo posto. Il ca
po che non onora la fiducia di cui gode presso i collaboratori, che
gli stiano sopra o sotto, non manterrà a lungo il posto che occupa.
La disonestà lo marchia di disprezzo, lo fa considerare meno im
portante del fango. La slealtà è uno dei principali motivi di falli
mento in ogni settore della vita.

9. *Sottolineare la propria "autorità".* Un ottimo capo è capace di mo
tivare i sottoposti e non cerca di incutere loro timore. Se cerca di
impressionarli con la sua "autorità", rientra nella disgraziata cate
goria, già citata, di coloro che si impongono con la forza. Un vero
capo degno di questo nome non avrà mai bisogno di vantarsi di es
serlo, se non facendo parlare il proprio comportamento simpatico,
comprensivo, onesto e competente.

10. *Sottolineare i titoli.* Un capo competente non ha bisogno di "titoli
accademici" per ottenere il rispetto dei sottoposti. Di solito, chi si
vanta delle proprie qualifiche ha poco altro da mostrare con orgo

glio. La porta dell'ufficio del manager è aperta a tutti coloro che desiderano entrare e occupare tale posizione, e il suo quartier generale è scevro da ogni formalità e ostentazione.

Queste sono le cause principali del fallimento: ciascuna di esse basta per la rovina personale. Se aspirate a diventare dei leader, studiate attentamente l'elenco e assicuratevi di limare i difetti fino a liberarvene.

Alcuni settori in cui c'è bisogno di un nuovo tipo di leader

Prima di finire questo capitolo voglio segnalarvi i fertili campi in cui, dopo il declino del vecchio tipo di leadership, troveranno occasioni di impiego i patrocinatori di un nuovo modo di intendere la posizione di comando.

1. In politica si sente la necessità che emergano nuovi leader, e la richiesta appare assai urgente.

2. Si stanno ricostituendo anche i quadri direttivi delle banche.

3. Nelle industrie c'è bisogno di un nuovo tipo di managerialità. I futuri capitani d'industria, se vogliono durare, devono considerarsi quasi dei funzionari pubblici che gestiscono la fiducia di cui sono investiti senza imporre ordini ai sottoposti.

4. I capi religiosi del futuro saranno costretti a prestare maggiore attenzione ai bisogni temporali dei seguaci, aiutandoli a risolvere i loro problemi economici e personali, interessandosi al passato, morto e sepolto, e all'avvenire, non ancora nato.

5. Nelle professioni legali, mediche ed educative, dovranno emergere nuovi capi e metodi di gestione. Questo vale soprattutto nel campo dell'istruzione: qui, il leader dovrà trovare la maniera e gli strumenti per insegnare ai discenti come applicare le nozioni che imparano a scuola. Dovrà occuparsi di più della pratica e meno della teoria.

6. Capi del nuovo tipo saranno necessari anche nel settore del giornalismo.

Sono solo alcuni settori in cui esistono occasioni per dimostrare una nuova leadership che dovrà prendere il posto del vecchio modo di gestire cose e persone. Il mondo sta cambiando rapidamente. Ciò significa che è necessario adottare le abitudini attraverso cui si promuovono rinnovati stili di vita e di lavoro. La leadership è la funzione in cui, più di ogni altra, si manifesta la tendenza che assumerà la civiltà umana.

Quando e come attivarsi per un posto di lavoro

Le notizie che esporrò sono il risultato di molti anni di esperienza in cui ho aiutato migliaia di donne e uomini a presentare meglio sul mercato i servizi che potevano offrire.

I seguenti punti indicano i metodi più efficaci per far incontrare venditori e compratori di servizi personali.

1. *Agenzie di impiego.* Scegliete con cura le migliori e più affidabili informandovi sui risultati pratici ottenuti dalla direzione. Tutto sommato, non sono molte le agenzie di elevato livello esecutivo.

2. *La pubblicità.* Inserite un annuncio economico su giornali, riviste e bollettini di associazioni industriali. Questo metodo appare soddisfacente per coloro che cercano un impiego a salario fisso. Gli annunci a caratteri cubitali sono da preferire nel caso si cerchi un posto da funzionario: inseriteli nelle pagine che legge probabilmente il tipo di datore di lavoro cercato. Qui, l'elaborazione dell'annuncio va affidata a un esperto che sappia sottolineare le qualità professionali offerte.

3. *Lettere personali.* Da indirizzare ad aziende o individui specifici che hanno bisogno dei servizi offerti. Occorre scriverle a macchina, *senza errori*, e firmarle sempre a mano. In allegato, vanno aggiunti un curriculum vitae e un profilo delle qualità personali. Sia la lettera che il riassunto delle esperienze dovrebbero essere preparati da un esperto. (Vedi prossima sezione).

4. *Per conoscenze personali.* Se possibile, chi cerca lavoro dovrebbe contattare l'imprenditore attraverso una persona che entrambi conoscono. Questo metodo è particolarmente vantaggioso per chi vuole inserirsi come quadro o funzionario e non desidera apparire come un "postulante".

5. *Via diretta.* A volte è più efficace offrire personalmente i servizi ai potenziali datori di lavoro sotto forma di documento scritto dei titoli e delle qualifiche per il posto richiesto. In effetti, gli imprenditori preferiscono spesso discutere le nuove assunzioni in via preliminare coi collaboratori.

Informazioni da inserire nel "riassunto" scritto

Il curriculum vitae da inviare dovrebbe essere preparato con la stessa cura con cui un avvocato prepara i documenti di un caso penale. Se non siete esperti, chiedete consigli a professionisti del ramo. I commercianti di successo ingaggiano individui di grande richiamo che conoscono l'arte e la psicologia della pubblicità per presentare nel modo migliore i loro prodotti. Chi offre i propri servizi dovrebbe comportarsi analogamente. Ecco le informazioni da inserire.

1. *Istruzione.* Elencate in breve, ma con precisione, le scuole frequentate e le materie in cui vi siete specializzati, spiegando il motivo che ve le ha fatte scegliere.

2. *Esperienza.* Se avete avuto esperienze di lavoro nel settore in cui vi volete impiegare, descrivetele in dettaglio, precisando il nome e l'indirizzo dei precedenti imprenditori. Assicuratevi di citare qualsiasi esperienza *speciale* che vi possa accreditare maggiormente.

3. *Referenze.* Quasi tutte le aziende desiderano conoscere il passato e i risultati ottenuti da chi aspira a un posto, specie se di responsabilità. Perciò, allegate fotocopie di lettere dei:

   a. precedenti datori di lavoro;

   b. insegnanti con cui avete studiato;

   c. personaggi noti del cui giudizio si fidano tutti.

4. *Fotografia.* Accludete una vostra fotografia recente, non incorniciata.

5. *Chiedere un posto specifico.* Evitate di domandare un'occupazione vaga, anzi, descrivete in modo specifico le mansioni che volete svolgere. Non chiedete mai un "posto qualsiasi", sarebbe un indizio della vostra mancanza di specializzazione.

6. *Titoli e qualifiche*. Elencate i motivi per cui ritenete di essere qualificati a svolgere le mansioni che chiedete. Questa è la parte più importante della vostra domanda e determinerà più di ogni altra cosa la considerazione che riceverete.

7. *Offrirsi in prova*. Un'offerta generosa, ma l'esperienza dimostra che un'occasione viene data quasi a tutti. Se siete sicuri delle vostre capacità, non temiate di farvi valutare, sarete apprezzati anche per la sicurezza. Dite apertamente che la vostra offerta si basa:

   a. sulla fiducia di essere adatti al posto;

   b. sulla certezza che, dopo la prova, sarete assunti;

   c. sulla determinazione a essere assunti.

8. *Conoscenza del settore per cui fate domanda*. In precedenza, eseguite una ricerca abbastanza approfondita sul settore di lavoro in cui vi volete impiegare, indicando nel curriculum ciò che avete imparato da tale ricerca. Anche questo serve per fare impressione, poiché prova che avete fantasia e un interesse reale per il posto.

Ricordate che la causa non la vince l'avvocato che ricorda più leggi, ma quello che prepara meglio il caso specifico. Se saprete preparare e presentare bene il vostro "caso", avrete già vinto più di metà della causa.

Non abbiate paura di rendere troppo lungo il vostro riassunto o curriculum vitae. I datori di lavoro sono altrettanto interessati ad assicurarsi i servizi dei migliori professionisti di quanto voi volete cederli. In realtà, il successo di molti imprenditori è dovuto alla loro capacità di scegliere i collaboratori più adatti e qualificati. Quindi, ci tengono ad avere maggiori informazioni possibili.

Un altro consiglio: la pulizia e la precisione della vostra domanda indica il grado di meticolosità che mettete nelle vostre attività. Ho aiutato a preparare curricula talmente elaborati da far assumere subito il richiedente, senza colloquio o, tanto meno, periodo di prova.

Una volta completata la domanda, scrivetela a macchina come segue, senza fare errori, iniziando dall'intestazione.

CURRICULUM VITAE DI
Robert K. Smith
CHE SI QUALIFICA PER LA POSIZIONE DI
Segretario personale del
Presidente della
BLANK COMPANY.

Cambiate il nome per ogni diverso datore di lavoro a cui lo inviate. Il tocco personale attira l'attenzione di chi legge. Dattilografate o mineografate (copia su carta paraffinata) il riassunto con impaginazione elegante, sulla carta migliore di cui potete disporre, e rilegatelo con un caroncino resistente, magari ricambiabile nel caso dobbiate presentarlo a varie aziende. Incollate la vostra foto su una delle pagine. Attenetevi a questi consigli, se possibile migliorandoli in base alla vostra immaginazione.

I venditori di successo si presentano bene perché sono consapevoli che la prima impressione ha la sua importanza, almeno come impatto iniziale. Il vostro curriculum è come un vestito: fate in modo che sia elegante, inappuntabile e che spicchi rispetto a tutte le domande che abbia mai visto il potenziale datore di lavoro. Se ci tenete al posto che chiedete, vale la pena impegnarsi per presentarsi bene. Inoltre, se vi vendete in maniera da impressionare l'imprenditore con la vostra personalità, probabilmente avrete subito una ricompensa maggiore rispetto a quella che ricevereste qualora vi presentaste in modo piatto.

Se adoperate i servizi di un'agenzia pubblicitaria o per l'impiego, consegnate all'agente alcune copie del vostro curriculum così che possa divulgare meglio le vostre qualità. Farete una migliore figura sia con l'agente sia con gli imprenditori.

Come ottenere il posto specifico che desiderate

A ognuno piace fare il lavoro per cui è meglio portato o tagliato. Agli artisti garba lavorare coi colori, agli artigiani con le mani, agli scrittori con le parole. Chi ha talenti meno definiti preferisce impiegarsi nel commercio e nell'industria. Una cosa in cui si distinguono gli Stati Uniti è la varietà delle occupazioni, dall'agricoltura all'industria, dal commercio alle libere professioni.

1. Decidete *esattamente* che tipo di lavoro volete. Se non esiste, forse potete crearlo.

2. Scegliete la ditta o la persona per cui desiderate lavorare.

3. Studiate il vostro potenziale datore di lavoro, la sua politica imprenditoriale, il suo personale e le probabilità di un avanzamento di carriera.

4. Analizzate i vostri talenti e le vostre abilità, stabilite *ciò che potete offrire* e ideate tutte le maniere in cui fornire i vostri servizi, applicare le vostre qualità, *asserendo con sicurezza di poterlo fare.*

5. Dimenticate il "posto". Non pensate alle posizioni vacanti, non implorate un impiego: concentratevi su *quello che potete offrire voi.*

6. Una volta ideato un progetto di presentazione, fatevi aiutare da qualcuno che lo sappia scrivere ed esporre nella forma migliore e più particolareggiata.

7. Fatelo avere *alla persona giusta, quella incaricata di assumere il personale,* e aspettate che la cosa vada avanti col suo tempo. Tutte le aziende cercano individui che hanno qualcosa di prezioso da offrire: idee, servizi, "conoscenze". Ogni azienda ha spazio per professionisti con progetti precisi e vantaggiosi.

Per questa preparazione ci vorrà qualche giorno o settimana in più del normale, ma la differenza di reddito, di carriera e di prestigio vi risparmierà anni di lavoro con uno stipendio limitato. Fra i vari vantaggi, svetta quello del risparmio da uno a cinque anni nel raggiungimento dell'obiettivo fissato.

Chiunque si presenti con un piano definito ed efficace viene inserito non al livello più basso, ma "a metà strada".

La nuova maniera di commercializzare i servizi

In futuro, i professionisti che commercializzano le loro prestazioni dovranno riconoscere il cambiamento che si sta attuando nei rapporti fra imprenditori e dipendenti.

In effetti, il rapporto sarà meno basato sulla subordinazione e più sulla coordinazione, che dovrà tener conto di questi tre fattori:

a. il datore di lavoro;
b. l'impiegato;
c. il pubblico che entrambi servono.

Questa forma di collaborazione è nuova per vari motivi. In primo luogo, i servizi saranno affari per entrambi gli operatori e a vantaggio del pubblico. In passato, le parti contraenti trattavano fra di loro cercando di spuntare le condizioni migliori senza prendere in considerazione il fatto che, in ultima analisi, le loro trattative venivano concluse a spese della terza parte interessata, il pubblico da servire.

Oggi, le parole d'ordine del mercato sono "cortesia" e "servizio", che si pretendono più dal prestatore d'opera che dall'imprenditore in sé perché, in fondo, entrambi sono alle dipendenze del pubblico che servono. Se lo servono male, scontano l'errore con la perdita del privilegio di servire.

Ci ricordiamo tutti dell'impiegato del gas che veniva a leggere il contatore bussando o suonando come un ossesso alla porta. Non appena aprivamo, entrava di prepotenza con espressione irritata, quasi a significare: «Quanto diavolo mi fa aspettare?» I tempi cambiano: oggi, l'addetto del gas si comporta da gentiluomo che è "lieto di essere al vostro servizio". Prima che l'azienda del gas si rendesse conto che i dipendenti impazienti le facevano accumulare passività mai recuperate, arrivarono gli educatissimi venditori dei bruciatori a olio che fecero affari d'oro.

Durante la Depressione, ho passato alcuni mesi in Pennsylvania, nella regione di estrazione di carbone e antracite, studiando le condizioni che portarono quasi allo sfacelo tale industria. I padroni e i loro impiegati si disputavano i profitti e stipulavano contratti onerosi gli uni per gli altri, facendo pagare i costi "aggiuntivi" del carbone agli utenti, finché si ritrovarono poco competitivi di fronte ai venditori di bruciatori a olio e ai produttori di petrolio greggio.

Tutto questo per attirare l'attenzione di chi commercializza i propri servizi e per dimostrare che siamo ciò che siamo e dove siamo a causa *del nostro comportamento!* Il principio di causa ed effetto che controlla gli affari, la finanza e i trasporti, controlla anche gli individui e la loro condizione economica.

Qual è il vostro tasso di QQS?

Ho spiegato come rendere disponibili al pubblico i propri servizi in modo efficace e duraturo. Studiate, analizzate, comprendete e applicate le modalità: ognuno dev'essere il venditore delle sue prestazioni professionali. In senso lato, la qualità, la quantità e lo spirito del servizio

95

offerto e reso determinano la durata nel tempo della prestazione. Per mettere i servizi personali sul mercato (il che vuol dire essere richiesti a lungo, a un prezzo equo e in condizioni di lavoro soddisfacenti) si deve adottare la formula "QQS", che sta per qualità, più quantità, più spirito di collaborazione, e che dà come risultato una perfetta gestione delle proprie capacità nel servizio reso. Ricordate questa formula, ma soprattutto applicatela abitudinariamente!

Analizziamola bene per essere sicuri di aver capito il suo significato.

1. *Qualità* del servizio, da intendersi come esecuzione di ogni dettaglio nell'ambito dei compiti assegnati, nel modo più efficiente, tenendo in mente la perfettibilità dell'efficienza.

2. *Quantità* del servizio, da intendersi come consuetudine nel renderlo sempre al massimo delle proprie capacità allo scopo di incrementarlo col migliorare dell'esperienza. Qui la parola-chiave è *consuetudine*.

3. *Spirito* di servizio, da intendersi come abitudine comportamentale per una collaborazione armoniosa e piacevole che induce i colleghi alla cooperazione.

Se la qualità e la quantità sono a livello sufficiente, ancora non basta per commercializzare bene i servizi. È la condotta, o lo spirito di collaborazione, il fattore che determina in gran parte la parcella, la remunerazione, e la durata dell'impiego.

Andrew Carnegie ha sempre messo l'accento su questo punto come ingrediente fondamentale per il successo nella commercializzazione dei servizi personali. Per lui, il comportamento corretto e armonioso, in spirito di collaborazione, era essenziale: non avrebbe mai ingaggiato o continuato a impiegare nessuno, a prescindere dalla qualità e quantità del suo lavoro, *se non* avesse collaborato con spirito di armonia. Carnegie motivava gli uomini a essere reciprocamente ben disposti: per dimostrare che ci teneva molto, aiutava ad arricchirsi quelli *che si conformavano a questo criterio*. Chi recalcitrava, doveva lasciare il posto ad altri.

Abbiamo già menzionato l'importanza di una personalità attraente come fattore per rendere i servizi nello spirito giusto. Chi ha un carattere accattivante e collabora armoniosamente, può perfino compensare così una certa carenza di qualità e quantità nelle mansioni. Nulla, però, può prendere il posto di un comportamento corretto e cooperativo.

Il valore in capitale dei vostri servizi

L'uomo il cui reddito deriva globalmente dalla vendita di servizi personali è un commerciante come chi vende merci e prodotti: entrambi sono assoggettati alle stesse regole comportamentali.

Vale la pena ripeterlo perché la maggioranza dei liberi professionisti compie l'errore di ritenersi libera dai vincoli, dalle regole di condotta e dalle responsabilità dei normali commercianti.

È finito il tempo dei "pirati e dei rabattini": adesso sono in voga i "generosi".

Il valore in capitale della vostra intelligenza dipende dalla quantità di reddito che producete (mettendo a disposizione i servizi). Una valutazione onesta di tale valore può essere fatta moltiplicando il vostro reddito annuale per sedici e 2/3, dal momento che si stima che il reddito annuale rappresenti il sei percento del valore del vostro capitale. In effetti, il denaro viene remunerato al sei per cento annuale. Il denaro non vale più del cervello, anzi, spesso molto meno.

Un "cervello intelligente" messo sul mercato in modo adeguato è una forma di capitale molto migliore di quella che serve per mandare avanti qualsiasi attività commerciale, dato che la "mente" non si svaluta e non è soggetta a crisi temporanee, né può essere rubata o spesa. Inoltre, il denaro essenziale da investire nella commercializzazione di una merce è improduttivo come una duna di sabbia se non lo si unisce a un'"intelligente progettazione".

I trentuno motivi principali per l'insuccesso

La più grande tragedia della vita sono le donne e gli uomini che si impegnano con onestà e dedizione, eppure falliscono! Il fatto che i falliti siano una schiacciante maggioranza rispetto ai pochi che hanno successo è un vero dramma sociale.

Ho avuto l'occasione di studiare parecchie migliaia di persone e ho dovuto includerne il novant'otto per cento tra i "falliti".

Analizzando le cause, ho potuto elencarne trentuno (le ragioni per cui il restante due per cento ha successo sono tredici). In questo capitolo descrivo le trentuno motivazioni negative: esaminate con attenzione la lista, punto per punto, e scoprite quanti difetti avete che vi impediscono di essere dei vincenti.

1. *Ereditarietà sfavorevole.* Purtroppo, si può fare poco per quelli che nascono con carenze mentali. Il solo espediente per colmare questo svantaggio è l'"alleanza di cervelli". Comunque, questa è fortunatamente la sola causa che non può essere *corretta con facilità* dall'individuo.

2. *Mancanza di uno scopo preciso nella vita.* La persona che non ha traguardi parziali né un *fine preciso* non può sperare di riuscire. Il novantotto per cento dei miei oggetti di studio non li aveva, e a ciò devo attribuire il loro insuccesso.

3. *Scarsa ambizione nell'elevarsi al di sopra della media.* Non possiamo dare speranza a chi è indifferente al progresso personale o non vuole pagarne il prezzo.

4. *Istruzione carente.* Svantaggio superabile con relativa facilità. L'esperienza dimostra che i più istruiti sono gli autodidatti o le persone che "si fanno da sé". Ci vuole molto più di una laurea per ritenersi istruiti. Può considerarsi tale chi ha appreso a ottenere ciò che vuole nella vita senza ledere i diritti altrui. L'istruzione non è costituita dalle nozioni spicciole, ma dalle conoscenze pratiche applicate durevolmente. Si remunerano le persone non per quanto sanno, ma per ciò che fanno con quel che sanno.

5. *Mancanza di autodisciplina.* La disciplina deriva dall'autocontrollo, che vuol dire dominare tutti i difetti. Prima di controllare le situazioni esterne, occorre sapersi dominare. L'autodisciplina è il lavoro più arduo da farsi e da portare a termine. Se non vi controllate, verrete dominati dall'io. Mettetevi davanti allo specchio e vedrete contemporaneamente il vostro miglior amico e peggior nemico.

6. *Cattiva salute.* Nessuno può godere di un successo durevole senza essere in buona salute, ma è possibile dominare e controllare la maggior parte delle cause di malattia. Le principali sono:

mangiare troppi alimenti nocivi per la salute;

pensiero negativo, abitudine a esprimere la negatività;

uso sbagliato o eccessivo della sessualità;

carenza di esercizio fisico;

carente ricambio di aria fresca per una respirazione adeguata.

7. *Ambiente sfavorevole durante l'infanzia.* «L'albero cresce a seconda di come si piega il ramo»: molti delinquenti hanno acquisito le cattive abitudini dall'ambiente in cui sono nati e cresciuti, o dai compagni con cui hanno fatto comunella.

8. *Rinviare.* Rimandare gli impegni è come vivere all'ombra altrui, in attesa dell'occasione giusta, finché non ci sono più speranze di riuscire. Gran parte dei falliti aspetta il tempo adatto per iniziare a fare qualcosa di utile. Non aspettate: il tempo non sarà mai del tutto "adatto". Iniziate da dove vi trovate e impegnatevi con gli strumenti che avete a disposizione: lungo il cammino ne troverete altri più efficaci.

9. *Poca tenacia.* Molti sono ottimi "partenti" ma rari quelli che sanno completare il percorso. Inoltre, un sacco di gente è pronta a rinunciare al primo ostacolo. Supremo è il valore della tenacia: chi fa della costanza la sua parola d'ordine, taglierà via via tutti i traguardi. Il fallimento è incompatibile con la tenacia, non riuscirà mai a tenerle testa.

10. *Brutto carattere.* Non può sperare di riuscire chi respinge gli altri a causa del suo carattere. Il successo dipende dall'applicazione di varie forze, che derivano dalla collaborazione delle numerose persone coinvolte. Una personalità negativa non induce gli altri alla collaborazione.

11. *Mancanza di controllo dell'impulso sessuale.* L'energia sessuale è lo stimolo più potente nello spronare le persone all'azione. Perciò, lo si deve controllare e sublimare, incanalando la parte in eccesso verso altri fini.

12. *Desiderio incontrollato di ottenere "qualcosa senza dare nulla".* È l'istinto dello scommettitore, che però spinge verso l'insuccesso milioni di persone. Una prova di tale negatività è il crollo di Wall Street, nel 1929, quando milioni di persone cercarono di guadagnare sulle eccedenze azionarie.

13. *Indecisione.* Gli uomini di successo assumono decisioni con celerità, mentre le cambiano, se mai le cambiano, molto lentamente. Gli indecisi, se mai addivengono a una decisione, lo fanno molto lentamente, e la cambiano spesso, con rapidità. L'indecisione è la sorella del differimento. Spesso li troviamo insieme. Eliminate questa coppia prima che vi irretisca fino a ridurvi sul lastrico.

14. *Una o più delle sei paure basilari.* Le tratteremo singolarmente nel capitolo finale. Per commercializzare con efficacia i vostri servizi, dovrete saperle gestire.

15. *Scelta errata del coniuge.* I rapporti matrimoniali creano contatto e intimità fra i coniugi: se non sono armoniosi, intaccano la fiducia personale, rovinano la felicità e portano alla tristezza.

16. *Eccessiva prudenza.* Chi non rischia mai deve accontentarsi delle briciole che lasciano gli altri. La prudenza eccessiva è altrettanto foriera di insuccesso della temerarietà: sono comportamenti estremistici da cui occorre guardarsi. La vita in se stessa pullula di rischi e occasioni positive.

17. *Scelta errata dei soci d'affari.* Altra causa comune di fallimento: chi offre servizi personali dovrebbe prestare grande attenzione alla scelta del socio, o del datore di lavoro, che sappia fungere da ispiratore e sia tanto intelligente quanto teso al successo. Di solito, infatti, si imitano quelli con cui ci si associa. Scegliete collaboratori degni di emulazione.

18. *Pregiudizio e superstizione.* Sono entrambe forme di paura e sintomo di ignoranza. Le persone di successo hanno una mentalità aperta e non temono nulla.

19. *Scelta sbagliata della vocazione professionale.* Nessuno può conseguire grandi risultati in un settore professionale che non gli piace. La fase essenziale per la commercializzazione dei propri servizi è la scelta di un'occupazione in cui ci si può gettare con entusiasmo.

20. *Scarsa concentrazione sull'obiettivo.* Il grimaldello buono per tutti gli usi serve effettivamente a poco: focalizzate gli sforzi su un determinato obiettivo per volta.

21. *Abitudine a spendere in modo indiscriminato.* Gli spendaccioni non arrivano da nessuna parte, soprattutto perché hanno sempre paura della povertà. Prendete l'abitudine di risparmiare costantemente una certa parte del vostro reddito. Quando si deve trattare la vendita dei servizi personali, un discreto deposito bancario corrobora il coraggio. Senza soldi, con l'acqua alla gola, si deve accettare ciò che ci offrono ed essere contenti che ce l'hanno dato.

22. *Assenza di entusiasmo.* Senza entusiasmo non si riesce a convincere nessuno. Inoltre, esso è contagioso, e la persona entusiasta, purché controllata, viene accolta bene ovunque.

23. *Intolleranza.* Chi ha una mentalità ristretta su tutti gli argomenti non farà mai grande carriera. L'intolleranza comporta anche l'aver smesso di imparare. Le forme di intolleranza più dannose sono quelle connesse con la differenza d'opinione religiosa, razziale e politica.

24. *Intemperanza.* Le forme più dannose sono quelle inerenti il cibo, i liquori e le attività sessuali. Eccedere in tali forme è fatale per il successo professionale.

25. *Incapacità di collaborare col prossimo.* Molti perdono il posto di lavoro e la possibilità di migliorare più per questo motivo che per gli altri messi assieme. Si tratta di un difetto che nessun capufficio informato può sopportare.

26. *Possesso di un potere non acquisito attraverso l'impegno personale.* (Rampolli degli uomini ricchi e altri che ereditano soldi non guadagnati). Il potere nelle mani di chi non lo ha conquistato con sudore e gradualità è spesso fatale al successo. Le ricchezze accumulate in fretta sono più pericolose della povertà.

27. *Disonestà intenzionale.* L'onestà è la virtù suprema. Si può essere temporaneamente disonesti, senza danni permanenti, a causa di circostanze su cui non si ha alcun controllo, ma non c'è speranza per il disonesto che decide di esserlo. Prima o poi, le sue azioni saranno scoperte e ne soffrirà la sua reputazione, a volte fino alla perdita della libertà personale.

28. *Vanità ed egocentrismo.* Difetti come semafori fissi sul rosso che avvisano gli altri a tenersi lontani da noi. Va da sé che sono contrari al successo.

29. *Tirare a indovinare invece di riflettere.* Molti sono troppo pigri o non si curano di acquisire fatti sui quali riflettere con calma. Preferiscono agire in base alle loro "opinioni" impulsive, spesso sedimentate.

30. *Mancanza di capitale.* Grave carenza per chi inizia un'attività: infatti, in caso di errori, manca una riserva finanziaria a cui attingere per attutire il colpo e superare la fase di stallo prima di recuperare la reputazione.

31. Ora potete aggiungere un difetto che vi ha fatto fallire e che non avete trovato nei trenta punti precedenti.

La lista dei più comuni motivi di insuccesso ci fa cogliere il dramma di molte vite e spiega come mai possa fallire anche chi si impegna. Se riuscite a convincere qualcuno che vi conosce bene a scorrere l'elenco con voi, ciò sarà utile per analizzarvi meglio e capire dove potete migliorare. Molti, infatti, non riescono a esaminarsi con la stessa lucidità con cui li giudicano gli altri. Forse anche voi rientrate in questa categoria.

Conoscete il vostro valore?

La più antica esortazione è: «Uomo, conosci te stesso!» Se siete venditori, per avere successo dovete conoscere la vostra merce. Lo stesso dicasi se vendete servizi personali: dovete conoscere tutte le vostre debolezze per evitarle o eliminarle, e tutti i vostri punti di forza su cui far leva per attirare l'attenzione e le preferenze dei clienti. È evidente che ci si può conoscere solo grazie a un'accurata *autoanalisi.*

Un giovane che voleva essere assunto dal direttore di una nota impresa ha dimostrato quanto sia folle ignorare la propria identità. Aveva fatto un'ottima impressione finché il direttore non gli chiese cosa volesse come emolumenti. Gli rispose che non aveva alcuna cifra in mente (*mancanza di uno scopo preciso*). Allora, il direttore gli disse: «Va bene, la pagheremo per il suo valore dopo averla messa alla prova per una settimana».

«Non accetto», replicò il giovane, «perché dove sono attualmente impiegato mi pagano di più».

Prima di rinegoziare lo stipendio nel luogo in cui lavorate chiedendo un aumento, o di cercare un lavoro altrove, assicuratevi di valere più di quanto ricevete.

Una cosa è volere i soldi (tutti ne vorrebbero di più), altra cosa valerne di più! Molti confondono i loro bisogni con quanto è loro dovuto. Le nostre necessità finanziarie non hanno niente a che vedere con il valore personale. Il valore viene commisurato sulla capacità di rendere servizi utili o di indurre altri a renderli.

L'inventario di sé

Per vendere efficacemente i propri servizi, è essenziale eseguire un inventario annuale, proprio come si fa per le merci in deposito. Inoltre, l'autoanalisi annuale dovrebbe mostrare una diminuzione dei difetti personali e un aumento delle qualità. Nella vita, si migliora, si ristagna o si retrocede. Il nostro obiettivo dovrebbe naturalmente essere quello di procedere verso il meglio. Così, il bilancio di fine anno dovrebbe rivelare e misurare i progressi compiuti. A volte si può manifestare un passo indietro, ma nella commercializzazione dei propri servizi si dovrebbe sempre fare un passo in avanti, magari minuscolo.

Questa autoanalisi dovrebbe essere stilata alla fine dell'anno, affinché sia possibile includervi anche i propositi di miglioramento per l'anno nuovo che appaiono necessari. Eseguite l'inventario ponendovi le domande della prossima sezione e controllando le risposte con l'aiuto di qualcuno che vi conosce bene e non vi permette di barare con voi stessi.

Questionario per l'autoanalisi

1. Ho conseguito l'obiettivo che mi sono posto quest'anno? (Si dovrebbe mirare a un traguardo annuale all'interno dello scopo principale che si vuole raggiungere).

2. Ho reso servizi al meglio delle mie qualità, o avrei potuto migliorarli in parte?

3. Ho reso servizi nella maggior quantità possibile?

4. Mi sono sempre comportato con spirito di armonia e collaborazione?

5. Ho permesso che l'abitudine di rimandare influisse sulla mia efficienza, e fino a che punto?

6. Ho migliorato il mio carattere, e in che modo?

7. Sono stato tenace nell'esecuzione dei miei piani, fino al loro completamento?

8. Ho sempre assunto decisioni con rapidità e precisione?

9. Ho consentito a una o più delle sei paure basilari di attenuare la mia efficienza?

10. Sono stato troppo prudente o troppo avventato?

11. Il mio rapporto coi colleghi è stato piacevole o spiacevole? Nel secondo caso, era in parte, o totalmente, colpa mia?

12. Ho sprecato la mia energia per mancanza di concentrazione degli sforzi?

13. Sono stato aperto e tollerante su tutte le questioni?

14. In che modo ho migliorato la mia capacità di espletare i servizi?

15. Sono stato intemperante nelle mie abitudini?

16. Ho manifestato, apertamente o in segreto, una forma di egocentrismo?

17. Mi sono comportato coi colleghi in maniera tale da indurli a rispettarmi?

18. Ho basato le mie opinioni e decisioni sulla prima impressione oppure ho riflettuto accuratamente prima di agire?

19. Ho seguito la sana abitudine di gestire il tempo, le spese e il reddito, avendo cura di risparmiarne sempre una parte?

20. Quanto tempo ho dedicato a sforzi improduttivi, che avrei potuto sfruttare meglio?

21. Come potrei cambiare la gestione del tempo e le mie abitudini, così da essere più efficiente il prossimo anno?

22. La mia coscienza mi dice che ho tenuto una condotta colpevole?

23. In che modo ho reso servizi migliori e maggiori di quelli per cui venivo pagato?

24. Sono stato ingiusto con qualcuno, e in che modo?

25. Se l'anno passato avessi acquistato i miei servizi, sarei soddisfatto dell'acquisto?

26. Sto seguendo la strada giusta o la mia vocazione è diversa? Perché?

27. L'acquirente dei miei servizi è soddisfatto di me? In caso negativo, perché?

28. Che voto potrei darmi sui princìpi fondamentali del successo? (Siate onesti e fatevi giudicare anche da una persona abbastanza coraggiosa da valutarvi accuratamente).

Dopo aver letto e assimilato le informazioni contenute in questo capitolo, siete pronti per ideare un progetto pratico con cui vendere i vostri servizi. Avete tutti i princìpi essenziali, comprese le qualità dei leader, le cause più comuni di fallimento personale, la descrizione delle occasioni di lavoro, i motivi di insuccesso in ogni settore dell'esistenza e le domande utili per un'autoanalisi.

Mi sono dilungato su tale presentazione perché essa appare necessaria per chi vuole arricchirsi vendendo i propri servizi. Chi ha perso le sue sostanze o chi comincia da zero non ha altro da offrire che le sue prestazioni in cambio delle ricchezze; i consigli enunciati sono pertanto utili a livello pratico.

Inoltre, studiando e assimilando le informazioni, diventerete più analitici e capaci di giudicare gli altri. Ciò sarà particolarmente interessante per i direttori del personale, per i capufficio e per gli altri funzionari incaricati di selezionare gli impiegati e garantire l'efficienza della forza lavoro. Se ne dubitate, rileggete il questionario di autoanalisi e rispondete per iscritto alle domande.

Come e dove trovare occasioni per arricchirsi

Ora che abbiamo analizzato i princìpi per accumulare denaro, possiamo chiederci: «Dove trovare occasioni favorevoli per applicarli?»

Tanto per cominciare, chiariamo subito che *viviamo tutti in un paese dove ogni cittadino che rispetta la legge ha diritto alla libertà di pensiero e di azione.*

È garantita la libertà di pensiero, di religione, di opinione politica, di scelta dell'istruzione e della professione, di possedere senza disturbo *tutta la proprietà che possiamo accumulare*, di scegliere il luogo di residenza e il coniuge, di godere delle stesse opportunità indipendentemente dalla nostra razza, di viaggiare, di consumare il cibo che preferiamo, *di puntare alla carriera per cui ci siamo preparati*.

Naturalmente, abbiamo numerose altre possibilità, ma la lista è sufficiente per farvi capire le più importanti e indispensabili per l'esistenza umana. Basta pensare ai mille vantaggi di cui godiamo, come al cibo, alla casa in cui viviamo e alle sue comodità, al vestiario.

Spesso i politici ci ricordano le libertà di cui godiamo, specie quando sollecitano il nostro voto, ma non si sforzano quasi mai di spiegarci l'origine o la natura di tali "libertà". Non avendo un interesse personale da difendere, nessuna lamentela da presentare o altre motivazioni che mi spingano, posso liberamente analizzare cosa sia questa "entità" astratta, misteriosa e spesso incompresa, che procura questi grandi privilegi e opportunità di arricchimento.

Posso farlo perché conosco e ho conosciuto per più di mezzo secolo molti degli uomini che gestiscono questo potere miracoloso, essendo responsabili della sua perpetuazione.

Il nome del misterioso benefattore dell'umanità è il capitale!

Il capitale non è composto solo dal denaro, ma soprattutto da gruppi di persone organizzati in modo intelligente che progettano tutti i piani e gli strumenti per mettere a profitto i soldi, per se stessi e, per ricaduta, a favore di tutti.

Questi gruppi sono costituiti da scienziati, educatori, chimici, inventori, analisti commerciali, pubblicitari, esperti dei mezzi di trasporto, ragionieri, avvocati, medici, tutte le donne e gli uomini che possiedono e usano nozioni specialistiche in ogni campo industriale e affaristico. Essi sperimentano, tracciano la via e fungono da pionieri in tutti i settori professionali. Dirigono scuole e ospedali, costruiscono le strade, pubblicano i giornali, pagano gran parte delle tasse pubbliche e si prendono cura di ogni dettaglio per il progresso umano. In breve, i capitalisti sono il cervello della civiltà perché rinnovano continuamente il tessuto da cui sono formati l'istruzione, il progresso e il miglioramento umano.

Se non lo si usa oculatamente, il denaro è pericoloso. Adoperato a dovere, diventa l'elemento essenziale per il progresso della civiltà.

Le pietre miliari della nostra vita

La somma di denaro necessaria per la costruzione e il mantenimento delle strade e dei mezzi di trasporto usati per la consegna di una semplice colazione è così ingente da strabiliarci. Si situa sulle centinaia di milioni di dollari, senza tener conto dell'esercito di lavoratori specializzati che si impiegano su quelle navi e su quei treni. Il trasporto e la distribuzione sono comunque una piccola parte di ciò che richiede il moderno capitalismo americano.

Prima che ci sia qualcosa da trasferire, occorre farlo spuntare dal terreno, oppure produrlo e confezionarlo per il mercato. Altri milioni di dollari di spese per attrezzi, macchine, imballaggi, pubblicità e commercializzazione, nonché per salari e stipendi di milioni di donne e uomini.

Le strade e l'energia per far viaggiare i mezzi di trasporto non nascono gratuitamente dal suolo. Le abbiamo grazie alla scienza, alle fatiche, all'intelligenza e alla capacità organizzativa degli uomini che hanno fantasia, fede, entusiasmo, decisione e tenacia! Sono i capitalisti, gli imprenditori motivati dal desiderio di costruire, realizzare, rendere servizi utili, fare profitti e arricchirsi. E, siccome offrono servizi senza i quali non ci sarebbe la civiltà, si mettono in condizione di accumulare sempre maggiori ricchezze.

Tanto per semplificare i fatti, aggiungo che questi capitalisti sono gli stessi uomini che vengono dileggiati dagli oratori da strapazzo che parlano a vanvera. Sono gli stessi a cui i mafiosi, gli estremisti e i sindacalisti disonesti si riferiscono definendoli i "difensori degli interessi consolidati", i "prepotenti", gli "speculatori" o i "lucratori di redditi finanziarie".

Con questo, non voglio prendere posizione a favore o contro i partiti politici e i vari sistemi economici.

Lo scopo di questo libro, *a cui mi sono dedicato per più di mezzo secolo*, consiste nell'esporre la filosofia più affidabile con cui gli individui possano arricchirsi nella maniera preferita.

I vantaggi economici del sistema capitalistico dimostrano che:

1. tutti coloro i quali desiderano diventare ricchi devono adattarsi al sistema che permette di mettersi sulla strada giusta per accumulare una fortuna, sia grande o piccola;

2. gli oppositori politici di tale sistema, di solito dei demagoghi, travisano deliberatamente le istanze che presentano, riferendosi al capitale come se fosse un veleno.

Noi che rivendichiamo il diritto di godere i vantaggi della libertà, che inseguiamo le ricchezze, dovremmo riconoscere che non avremmo queste occasioni se il capitale organizzato non ce le mettesse sempre a disposizione.

C'è un solo metodo sicuro per accumulare denaro e detenerlo in modo legale, ossia rendendo servizi utili. Non è mai stato inventato nessun sistema per arricchirsi legalmente con la sola forza dei numeri o senza dare in cambio un controvalore di qualche genere.

Le occasioni di ricchezza

Quando si va a caccia di selvaggina, si scelgono i terreni dove c'è abbondanza di animali. Lo stesso deve valere quando si inseguono le ricchezze.

Se siete a caccia di soldi, non trascurate le possibilità di un paese in cui si spendono cifre esorbitanti nell'acquisto di cosmetici, sigarette, o per andare allo stadio o fare viaggi di piacere. E mi riferisco solo ai beni di lusso, la cui produzione, distribuzione e commercializzazione procurano lavoro regolare a milioni di persone che, in cambio della prestazione della loro opera, ricevono uno stipendio mensile, che poi spendono per i beni sia essenziali sia secondari.

Ricordate soprattutto che sotto questo scambio di merci e servizi giace una miniera di occasioni per arricchirsi. Non c'è nulla che possa impedirvi di dedicarvi all'occupazione che meglio vi aggrada per la realizzazione dello scopo.

Se una persona ha talento, istruzione ed esperienza superiori alla media, può raggiungere la prosperità che cerca. Chi è meno dotato accumulerà quantità inferiori di denaro, ma tutti possono guadagnare abbastanza per sopravvivere offrendo in cambio poche ore di lavoro.

Eccoci quindi in sella!

Le occasioni dispiegano le risorse davanti a voi. Prendete l'iniziativa, scegliete quello che volete, ideate un piano, mettetelo in pratica e applicatelo con tenacia.

IL SUCCESSO
NON RICHIEDE
SPIEGAZIONI

IL FALLIMENTO
NON CONSENTE
SCUSE O ALIBI

VIII

LA DECISIONE

TRATTENERSI DAL DIFFERIRE
Settimo passo verso la ricchezza

L' analisi di più di venticinquemila donne e uomini che hanno fallito nei loro obiettivi ha rivelato nell'indecisione, fra i trentuno motivi menzionati nel capitolo precedente, la causa principale del loro insuccesso.

Il differimento, cioè l'opposto della decisione, è un nemico più diffuso di quanto si pensi: tutti dobbiamo impegnarci per sconfiggerlo.

Quando avrete finito di leggere il libro, avrete la possibilità di valutare la vostra capacità di raggiungere decisioni *rapide e precise* mettendo in pratica i princìpi descritti.

Un esame accurato di diverse centinaia di personaggi di successo ha dimostrato che *ognuno di essi* era abituato ad assumere decisioni rapide e a cambiarle con grande cautela, se mai le cambiava. *Tutti quelli che non si arricchiscono*, invece, hanno la tendenza a tergiversare, a prendere le decisioni con *lentezza* e a cambiarle *spesso e con celerità*.

Una delle qualità più ammirevoli di Henry Ford era la sua *consuetudine* di decidersi presto e con precisione di dettaglio, mutando parere, se necessario, con grande circospezione. Tale qualità era in lui così evidente che molti lo giudicavano ostinato, quasi cocciuto, ma fu quel pregio personale a indurlo a continuare la produzione del famoso Modello T (l'automobile più brutta del mondo) anche se i suoi consiglieri e molti clienti che l'avevano acquistato lo sollecitavano a cambiare strada.

Forse Ford tardò troppo a cambiare opinione, ma l'altra faccia della medaglia è che la sua caparbietà gli fece guadagnare un sacco di soldi prima che il cambiamento del modello si rendesse *necessario*. Non vi sono dubbi che la sua costanza assumesse spesso l'aspetto della testardaggine, ma questo tratto caratteriale è preferibile alla lentezza nel prendere decisioni e alla rapidità nel mutare idea.

Consigli per le vostre decisioni

La maggioranza di quelli che non guadagnano abbastanza per soddisfare i propri bisogni si fa facilmente influenzare dalle opinioni altrui. Le opinioni sono la merce più a buon mercato che esista. Tutti abbiamo una miriade di opinioni da elargire a chi è disposto ad accettarle. Quando dovete decidere qualcosa, se vi fate condizionare dalle opinioni degli altri non riuscirete in nessuna impresa, tanto meno in quella di trasformare il desiderio di ricchezza in denaro concreto.

Inoltre, chi si fa influenzare dagli altri non avrà mai un desiderio suo.

Iniziando ad applicare i princìpi del successo, tenete fede alle vostre idee e *raggiungete decisioni che stimate opportune*, che poi asseconderete. Non fidatevi di nessuno, tranne dei membri della vostra "alleanza di cervelli", scegliendo con cura tale gruppo di collaboratori di modo che si armonizzi perfettamente con lo scopo che perseguite.

Spesso gli amici intimi e i parenti, pur non avendone l'intenzione, vi intralceranno con le loro "opinioni" non richieste, talora mettendovi in ridicolo, magari solo per scherzare un po'. Ci sono migliaia di donne e uomini che si trascinano per anni, a volte per tutta la vita, dei complessi di inferiorità perché qualche ignorante dalle buone intenzioni ne ha distrutto la sicurezza interiore formulando giudizi offensivi.

Abbiamo una mente e un cervello nostri. Usiamoli per prendere le decisioni che spettano solo a noi. Se per decidervi avete bisogno di dati che possiedono gli altri, come vi capiterà spesso, acquisiteli con discrezione, senza svelare i vostri scopi.

È tipico di chi ha solo un'infarinatura di conoscenze cercare di dare l'impressione di saperne molto di più. Tali individui sono abituati a parlare a ruota libera e ad ascoltare poco. Tenete aperti gli occhi e le orecchie, e la bocca chiusa, se volete abituarvi a decidere in fretta. Quelli che parlano troppo combinano poco altro. Se parlate più di quanto ascoltiate, non vi private soltanto di numerose occasioni per incamerare nozioni utili, ma svelerete anche i vostri piani e obiettivi a gente che, siccome vi invidia, avrà grande piacere nel battervi.

Ricordate inoltre che ogniqualvolta aprite la bocca in presenza di una persona che possiede abbondanza di cognizioni, le mostrate l'esatta riserva delle vostre conoscenze, o la loro mancanza! La vera saggezza è caratterizzata dalla *modestia e dal silenzio*.

Non dimenticate che ogni persona con cui entrate in contatto sta all'erta, come voi, per cogliere l'occasione di arricchirsi. Se parlate troppo generosamente dei vostri progetti, sarete stupiti di venire a sapere che altri vi hanno battuto sul tempo, agendo prima di voi e adoperando il piano che avevate improvvidamente sbandierato ai quattro venti.

Una delle vostre prime decisioni sia quella di tenere la bocca serrata, con gli occhi e le orecchie spalancati!

Come promemoria di questo mio consiglio, copiate il seguente epigramma a lettere cubitali e appendetelo in un posto dove potrete leggerlo tutti i giorni: «Dite al mondo cosa intendete compiere, ma prima mostratelo!»

Ciò equivale a dire che sono i "fatti, e non le parole, a contare di più".

Decisioni che comportano come conseguenza la morte o la libertà

Il valore delle decisioni dipende dal coraggio che occorre per assumerle. Le grandi scelte che hanno segnato lo spartiacque della civiltà hanno comportato enormi rischi, a volte anche il pericolo di morte per la persona incaricata di deliberare.

La decisione di Abramo Lincoln di proclamare l'emancipazione degli schiavi, evento che diede la libertà a tutte le persone di colore in America, fu presa nella consapevolezza che tale proclama gli avrebbe attirato l'odio di numerosi amici e sostenitori politici.

La decisione di Socrate di bere la cicuta piuttosto che scendere a compromesso sulle sue convinzioni richiese un enorme coraggio. Però, ha fatto progredire la civiltà di mille anni, garantendo ai posteri la libertà di pensiero e di parola.

La decisione del generale Robert E. Lee di appoggiare la causa degli Stati confederati e guidare il loro esercito nella Guerra civile americana richiese grande coraggio, perché avrebbe potuto costargli la vita e mettere a repentaglio anche quella di molte altre persone.

Cinquantasei che rischiarono il patibolo

La più grande decisione in assoluto, perlomeno nell'ambito della storia americana, fu quella presa a Philadelphia, il 4 luglio 1776, quando cinquantasei uomini firmarono un documento che avrebbe dato la li bertà ai cittadini americani o, se le cose fossero andate male, *avrebbe fatto appendere alla forca tutti i firmatari.*

Naturalmente, sapete tutto di quel documento, ma forse non siete consapevoli di cosa significasse a livello di successo personale: una lezione tuttora valida.

Tutti conoscono la data di quel momento decisivo, anche se pochi si rendono conto del coraggio necessario in tale frangente. Ancor meno si sa del potere immateriale che diede la libertà molto prima che l'esercito di Washington arrivasse a Yorktown[1].

È un peccato che gli storici non abbiano fatto il seppur minimo riferimento alla forza irresistibile che assicurò la nascita e la libertà alla nazione destinata a stabilire l'esempio per l'indipendenza, perché si tratta del medesimo potere a cui deve attingere ogni individuo che voglia superare le difficoltà della vita e da essa ottenere ciò che gli compete.

La storia inizia il 5 marzo 1770, con uno scontro nelle strade di Boston. I soldati britannici pattugliavano la zona, provocando i cittadini con la loro presenza. I coloni, offesi dagli uomini armati che li circondavano e controllavano, cominciarono a lanciare insulti e pietre contro i soldati, finché il comandante di questi non diede l'ordine di sparare contro la folla.

Infuriò la battaglia che causò numerosi morti e feriti. L'incidente suscitò la reazione scandalizzata della Provincial Assembly (composta dai coloni di spicco) che decise di riunirsi per vendicare l'azione. Fra i membri dell'assemblea vi erano John Hancock e Samuel Adams, i quali parlarono coraggiosamente e propugnarono la cacciata dei soldati britannici da Boston.

Ricordate questo fatto: la decisione presa da due uomini assurge a emblema della libertà di cui godono i moderni americani. Non sottovalutate il fatto che la decisione di quei due personaggi comportava fede e coraggio, poiché era estremamente pericolosa.

L'assemblea aggiornò i lavori incaricando Adams di pretendere dal governatore della provincia, Hutchinson, che le truppe britanniche sgomberassero il campo da Boston.

---

[1] Piccolo centro in cui si combatté la battaglia decisiva (17.10.1781) [N.d.t.].

La richiesta fu accolta, le truppe si ritirarono dalla città, ma l'incidente non poteva considerarsi affatto chiuso. Aveva messo in moto una situazione destinata a cambiare il corso della civiltà.

L'organizzazione dell'alleanza di cervelli

Richard Henry Lee entra di prepotenza in questa storia perché seppe comunicare spesso e in modo efficace con Adams per via epistolare, manifestandogli i timori e le speranze per il benessere dei coloni che occupavano le province britanniche. Adams, che condivideva tali sentimenti, si convinse che uno scambio di lettere fra le tredici colonie avrebbe favorito la coordinazione degli sforzi tanto necessari per la soluzione del problema. Due anni dopo lo scontro di Boston coi soldati britannici, che avvenne nel marzo 1772, Adams presentò all'assemblea delle province una mozione per l'istituzione di un comitato addetto alla corrispondenza fra i coloni, comitato i cui membri avrebbero dovuto «promuovere la collaborazione per il miglioramento delle colonie britanniche d'America».

Era l'inizio di un'organizzazione di ampia portata, le cui conseguenze sono la libertà per tutti gli uomini: si era perfezionata l'alleanza di cervelli che, in quel caso, era costituita da Adams, Lee e Hancock.

Nel frattempo, si era istituito anche il comitato per la corrispondenza epistolare. I cittadini delle colonie avevano ingaggiato scaramucce disorganizzate contro i britannici, piccole battaglie simili a quella di Boston, senza però concludere nulla di definitivo. Le loro rimostranze non si integravano nelle rivendicazioni di un'unica alleanza di cervelli. Nessun gruppo di individui aveva messo il cuore, la mente, l'anima e il corpo nella decisione di risolvere una volta per tutte i contrasti con gli inglesi, finché non presero esempio da Adams, Lee e Hancock.

Nel frattempo, gli inglesi non se ne stavano con le mani in mano: anch'essi stavano progettando un'alleanza di cervelli, col vantaggio di avere maggiori fondi e un esercito già organizzato.

Una decisione che ha cambiato la storia

La corona inglese sostituì Hutchinson con Gage come governatore del Massachusetts. Uno dei primi atti del nuovo governatore fu l'invio di un messaggero incaricato di convocare Samuel Adams per indurlo a mettere fine alla rivolta, incutendogli paura.

Comprenderemo meglio l'atmosfera citando la conversazione avvenuta fra il colonnello Fenton, messaggero di Gage, e Adams.

Fenton: «Ho l'autorizzazione del governatore Gage di assicurarle, signor Adams, che lei avrà tutti i benefici capaci di appagarla [tentativo di corromperlo con vaghe promesse], a patto che si impegni a cessare di opporsi alle misure del governo britannico. Il governatore desidera consigliarla di non sfidare ulteriormente la pazienza di Sua Maestà. La sua condotta è tale da renderla passibile delle pene previste da un Atto di Enrico VIII, con cui, a discrezione del governatore di una provincia, si possono deportare in Inghilterra e processare le persone per tradimento e condotta sediziosa. Tuttavia, se muterà politica, non solo riceverà grandi vantaggi personali, ma farà pace col re».

Adams aveva due opzioni: smettere di opporsi, cedendo così alla corruzione, o continuare la lotta rischiando di finire impiccato!

Era evidentemente arrivato il momento di *decidere all'istante*, obbligo che implicava un pericolo mortale. Adams si appellò alla parola d'onore del colonnello Fenton affinché riportasse a Gage le sue parole esatte.

Ecco la risposta di Adams: «Dica pure al governatore che ritengo di aver da lungo tempo fatto pace col re dei re. Nessuna considerazione personale mi convincerà a tradire la giusta causa del mio paese. Gli riferisca inoltre il mio consiglio, di non offendere più i sentimenti di una popolazione esasperata».

Quando Gage ascoltò la caustica replica di Adams, perse la pazienza ed emanò un proclama del seguente tenore: «In nome di Sua Maestà, offro e prometto qui il suo generoso perdono a tutti coloro che deporranno da questo momento le armi, tornando ai doveri di pacifici sudditi, escludendo dal perdono solo Samuel Adams e John Hancock, i cui affronti sono così scellerati da non ammettere altra soluzione che una pena proporzionata».

Come diremmo oggi, i due ribelli erano al centro del ciclone. La minaccia dell'iracondo governatore li spinse ad assumere un'altra decisione, parimenti pericolosa. Indirono subito una riunione segreta coi seguaci più fidati. Dopo l'aggiornamento sulla situazione, Adams chiuse la porta con la chiave, che si mise in tasca, e informò i presenti che era indispensabile organizzare un congresso dei coloni; nessuno avreb-

be potuto lasciare la stanza finché non si fosse deciso sulle modalit
dell'organizzazione.

La seduta era aspramente dibattuta: alcuni valutavano con preoc
cupazione le conseguenze di tale radicalismo, altri mettevano in di
scussione la saggezza di sfidare apertamente la corona inglese. C'era
no, però, due uomini immuni da ogni timore, per nulla assaliti dal dub
bio del fallimento: Hancock e Adams. Grazie alle loro sollecitazioni
tutti si persuasero ad attivare il comitato per la corrispondenza episto
lare di modo che si potesse convocare il primo congresso continenta
le, da tenersi a Philadelphia il 5 settembre 1774.

Questa data va sottolineata in quanto più importante del 4 lugli
1776. Se non ci fosse stata la *decisione* di tenere il congresso continen
tale non avremmo avuto la Dichiarazione di indipendenza.

Prima che si riunisse il congresso, un altro capo dei ribelli pubblic
in mezzo a enormi difficoltà un Compendio dei diritti dell'America bri
tannica. Era Thomas Jefferson, colono della Virginia, il cui rapport
con John Dunmore, rappresentante della Corona nella provincia di Vir
ginia, era altrettanto turbolento di quello di Adams e Hancock col lo
ro governatore.

Subito dopo la pubblicazione del Compendio dei diritti, Jefferson
seppe di essere accusato di alto tradimento contro il governo di Su
Maestà. Infiammato dalla minaccia, un suo collaboratore, Patric
Henry, disse audacemente ciò che pensava, concludendo con una fra
se che rimarrà immortale: «*Se questo è tradimento, traiamone il massi
mo vantaggio*».

Erano uomini come questi che, senza potere, autorità, denaro e for
za militare, decisero il solenne destino delle colonie, durante il primo con
gresso continentale e poi riunendosi a intervalli regolari finché, il 7 giu
gno 1776, Richard Henry Lee si alzò, si rivolse al presidente e presentò
all'assemblea la seguente opzione: «Signori, metto ai voti la mozione che
le Colonie Unite debbano essere di diritto Stati liberi e indipendenti, che
siano sciolte da ogni vincolo di fedeltà alla corona inglese e che recida
no ogni legame politico con lo Stato della Gran Bretagna».

La decisione più importante mai messa su carta

La straordinaria mozione fu discussa animatamente e così a lungo
che Lee cominciò a perdere la pazienza. Dopo alcuni giorni di dibatti

116

to, fu lui stesso a riprendere la parola e a dire risolutamente: «Signor presidente, sono giorni che discutiamo. È l'unica cosa da fare? Perché rimandare ancora? Che questo giorno felice veda la nascita della Repubblica americana, che essa sorga non per devastare e conquistare, ma per ristabilire il regno della pace e della legge».

Prima che fosse votata questa mozione, Lee fu richiamato in Virginia per motivi famigliari. Lasciò la causa nelle mani del suo amico Jefferson, che gli promise di tener duro finché non fossero conseguite decisioni favorevoli. Poco dopo, il presidente del congresso, Hancock, nominò Jefferson direttore del comitato che doveva stilare la Dichiarazione di indipendenza.

Il comitato lavorò a lungo sul documento che, una volta accettato dal congresso e firmato da ogni membro, avrebbe significato la pena di morte per ciascun firmatario se le colonie avessero perso la guerra con la Gran Bretagna, conflitto che non avrebbe potuto tardare.

La copia originale del documento venne letta davanti al congresso il 28 giugno. Altri giorni ci vollero per modificarlo ed emendarlo: il 4 luglio Thomas Jefferson si alzò davanti all'assemblea e lesse temerariamente la decisione più importante mai messa su carta:

«Nel corso degli eventi umani, quando si rende necessario che un popolo dissolva i vincoli politici che lo hanno legato ad altri per assumere fra le potenze della terra la posizione distinta e paritaria a cui gli dànno diritto le leggi di natura e del Dio naturale, il dovuto rispetto per le opinioni dell'umanità richiede che si dichiarino i motivi che lo costringono alla separazione...»

Il documento fu messo ai voti, accettato e firmato dai cinquantasei membri, ognuno deciso a rischiare la propria vita. Nacque così la nazione destinata a garantire per sempre, a tutti gli uomini, il privilegio della libertà.

Analizzate gli eventi che portarono alla Dichiarazione di indipendenza e noterete che questa nazione, che attualmente detiene una posizione di guida e di potere fra tutti i paesi del mondo, nacque dalla decisione a cui giunse l'"alleanza di cervelli" costituita dai cinquantasei uomini del congresso. Si osservi inoltre che fu la loro decisione a favorire il successo dell'esercito di Washington, perché il suo *spirito* informava la determinazione di tutti i soldati che combatterono nella convinzione che, forti di tale potere spirituale, non possa esistere l'insuccesso.

Notate altresì a grande beneficio personale che la forza capace di regalare la libertà alla nazione è lo stesso identico potere che deve usare ogni persona per autorealizzarsi. Si tratta dei medesimi princìpi che descrivo dall'inizio del volume; nella Dichiarazione di indipendenza è facile identificarne almeno sei: *fede, desiderio, decisione, tenacia, alleanza di cervelli e programmazione organizzata.*

Sapendo quello che si vuole, di solito lo si ottiene

Dietro questa filosofia sta la convinzione che il pensiero e la riflessione, sostenuti dal desiderio ardente, tendono a trasformarsi nel loro corrispettivo pratico. Nella storia dell'indipendenza americana e in quella della fondazione della US Steel Corporation si rileva il metodo con cui il pensiero opera la stupefacente trasformazione.

Cercando il segreto del metodo, non aspettatevi un miracolo, perché non accadrà mai. Scoprirete soltanto le leggi eterne di natura, che sono disponibili per tutti coloro che hanno la fiducia e il coraggio di usarle. Sono valide sia per dare la libertà a un paese sia per arricchirsi a livello personale.

Chi assume le decisioni con rapidità e oculatezza, sapendo quel che vuole, di solito lo ottiene. Tutti i capi degni di questo nome decidono in fretta e con sicurezza; non per niente sono capi. Il mondo fa spazio agli individui che dimostrano con parole e azioni di sapere dove stanno andando.

L'indecisione e la mancanza di obiettivi sono abitudini negative che si acquistano generalmente da giovani, rafforzandosi col passare del tempo, prima durante le elementari, poi nelle superiori e addirittura all'università.

In seguito, l'indeciso rimane tale nella professione che sceglie, se riesce a sceglierla... Di solito, infatti, comincia col primo lavoro che trova, dal momento che è consapevole di non sapersi orientare. Il novantotto percento dei dipendenti sono tali perché gli manca la capacità di decidere e di progettare il futuro professionale. Per loro, un imprenditore vale l'altro.

Per prendere decisioni accurate ci vuole coraggio, talvolta un grande coraggio. I cinquantasei personaggi che firmarono la Dichiarazione di indipendenza misero in gioco la loro vita, decidendo di esporsi direttamente. Chi stabilisce di mirare a una certa occupazione, pagando il prezzo necessario e ricevendone i vantaggi, non mette a rischio l'esistenza fisica, ma la sua libertà economica. La ricchezza, l'indipendenza finanziaria, un lavoro desiderabile e una carriera professionale sono fuori della portata degli individui che rifiutano o trascurano di progettare queste cose, attivandosi affinché si avverino. Chi vuole arricchirsi con lo stesso spirito con cui Samuel Adams desiderava la libertà per le colonie è sicuro di accumulare gran copia di ricchezze.

IX

LA TENACIA

LO SFORZO NECESSARIO PER CORROBORARE LA FEDE
Ottavo passo verso la ricchezza

L a tenacia è un fattore essenziale per la trasformazione del desiderio nel suo equivalente monetario. La base della caparbietà è la forza di volontà.

La combinazione di volontà e desiderio crea un'unione irresistibile. Gli uomini che si arricchiscono e si procurano grandi fortune sono generalmente ritenuti spietati o, perlomeno, capaci di agire a sangue freddo, senza emozionarsi, ma spesso si tratta di un fraintendimento; è che hanno forza di volontà e determinazione, a cui aggiungono la costanza nel perseguire il desiderio, raggiungendo gli obiettivi fissati.

La maggior parte della gente è pronta a dimenticare i propri obiettivi, rinunciando al primo segno di sfortuna o difficoltà. Alcuni, invece, insistono malgrado i contrasti, finendo per vincere.

Forse non c'è nulla di eroico nella tenacia, ma tale qualità sta al carattere di una persona come il carbonio sta all'acciaio, cioè è l'elemento che rafforza la lega.

Per mettere assieme una fortuna economica, occorre applicare i tredici princìpi del successo. Prima è necessario capire la filosofia e poi applicarla con tenacia fino alla realizzazione pratica.

La prova della tenacia personale

Se leggete questo libro per impiegare le tecniche descritte, il primo test su cui commisurare la propria tenacia è quello delle sei fasi presentate nel secondo capitolo. Se appartenete al due per cento che conosce già l'obiettivo cui mira e possiede un progetto per conseguirlo, potete scorrere le istruzioni e occuparvi delle faccende quotidiane, senza altre preoccupazioni.

La mancanza di tenacia è uno dei motivi principali per l'insuccesso di tante persone. Inoltre, le ricerche statistiche hanno dimostrato che l'incostanza è uno dei difetti più diffusi. Una debolezza che però occorre vincere con l'impegno. La facilità con cui si vince l'incostanza dipende *interamente* dall'intensità del proprio desiderio.

Il punto d'avvio di ogni realizzazione è il desiderio, tenetelo sempre in mente. Desideri deboli apportano magri risultati, come un piccolo fuoco produce scarso calore. Se ritenete di essere poco tenaci, potete rimediare alimentando il fuoco dei vostri desideri.

Continuate a leggere sino alla fine, poi tornate al secondo capitolo e iniziate *subito* ad applicare le istruzioni incluse nelle sei fasi citate. L'entusiasmo con cui eseguite le istruzioni indicherà fino a che punto desiderate davvero arricchirvi. Se scoprite di essere alquanto indifferenti, potete essere certi di non aver maturato la "consapevolezza del denaro" che dovete possedere per accumulare una fortuna.

I soldi vengono calamitati dagli individui che sono pronti mentalmente ad attirarli, proprio come l'acqua dei fiumi scorre automaticamente verso il mare.

Se pensate di essere carenti in tenacia, focalizzate l'attenzione anche sui consigli contenuti nel decimo capitolo, facendovi circondare da un gruppo per formare un'alleanza di cervelli con lo scopo preciso di fortificare la vostra caparbietà. Altri suggerimenti per corroborarla li trovate nel quarto e nel dodicesimo capitolo (rispettivamente, sull'autosuggestione e sul subconscio). Assecondate tali consigli fino ad assumere abitudini naturali che istruiranno il subconscio a delineare un quadro esatto dell'oggetto dei vostri desideri. Da quel momento, non sarete più sconfitti per mancanza di tenacia.

Il subconscio individuale è sempre all'opera, sia quando siamo svegli sia quando dormiamo.

Siete "consapevoli" della ricchezza?

Non serve a niente sforzarsi occasionalmente di applicare le regole: per ottenere risultati, occorre applicarle finché la procedura non diventa un'abitudine. Altrimenti non si sviluppa l'indispensabile "coscienza della ricchezza".

La povertà viene magnetizzata da coloro che sono mentalmente favorevoli a tale stato, mentre il denaro si attacca alle mani di chi è mentalmente pronto ad attirarlo: la legge è identica. La consapevolezza dell'indigenza condiziona la mente libera dalla "coscienza dei soldi". Quelli che attirano la povertà hanno sviluppato questa caratteristica senza applicare *consapevolmente* le abitudini che la favoriscono. La consapevolezza del denaro, per contro, dev'essere creata volontariamente, a meno che non si nasca con tale mentalità.

Riflettete bene sui concetti del paragrafo precedente e capirete l'importanza della tenacia per l'arricchimento personale. Senza tenacia, la partita è già persa in partenza. Essendo tenaci, si diventa vincenti.

Se avete mai avuto degli incubi, apprezzerete il valore della perseveranza. Siete a letto, in uno stato di semiveglia, con la sensazione di soffocare. Non riuscite a girarvi, a muovere nessun muscolo. Capite che dovete recuperare l'uso e il controllo della muscolatura. Con un continuo sforzo di volontà, ce la fate infine a muovere le dita di una mano. Insistendo, ampliate il controllo ai muscoli di un braccio, finché non riuscite a sollevarlo. Poi recuperate nello stesso modo l'uso dell'altro braccio. In seguito, potete gestire i movimenti di entrambe le gambe, una alla volta. Infine, con un supremo atto di volontà, riprendete il controllo dell'intero sistema muscolare, "scuotendovi" dall'incubo. Ce l'avete fatta compiendo un passo alla volta.

Come scuotersi dall'inerzia mentale

Dovendo smuovervi dall'inerzia mentale, impiegate un procedimento analogo, all'inizio recuperando lentamente l'attività, poi aumentando i movimenti, fino a riguadagnare il controllo completo sulla vostra volontà. Siate tenaci a prescindere dalla lentezza a cui sarete obbligati inizialmente. La perseveranza garantisce il successo.

Se sceglierete con cura i membri dell'alleanza di cervelli, troverete sicuramente uno che vi può aiutare nello sviluppo di questo tratto caratteriale. Alcuni si sono arricchiti a forza di tentativi, diventando tenaci a causa delle circostanze che li *hanno costretti a insistere.*

Chi è abituato a persistere sembra avere un'assicurazione contro i fallimenti. Indipendentemente dalle volte che è stato sconfitto, alla fine riesce a scalare le vette del successo. A volte pare che esista una Guida occulta il cui dovere consiste nel mettere alla prova gli uomini con ogni specie di esperienza scoraggiante. Le persone che si rialzano dopo una battuta d'arresto e continuano a impegnarsi, arrivano a destinazione, mentre gli altri esclamano: «Bravo! Sapevo che ce l'avresti fatta!» La Guida occulta non permette a nessuno di compiere grandi realizzazioni se prima non supera la prova della tenacia. Chi non la supera, non è promosso alla fase successiva.

Quelli che invece la superano vengono lautamente ricompensati. Il compenso per la tenacia è l'obiettivo fissato all'inizio, ma non è tutto! Il compenso prevede anche qualcosa di più importante del bene materiale: la consapevolezza che "ogni fallimento ingloba il seme di un vantaggio equivalente".

Scavalcare gli insuccessi

Non ci sono eccezioni alla regola: l'esperienza insegna il valore della tenacia a chi non accetta la sconfitta, se non come parentesi negativa. Le persone che nutrono un desiderio così ardente da applicarlo con costanza si rendono conto che, col passare del tempo, la sconfitta si tramuta in vittoria. Noi che osserviamo dall'esterno vediamo la maggioranza delle persone farsi abbattere dai fallimenti e i pochi che, invece, incassano le sconfitte *come stimolo per impegnarsi di più*: sono quelli che non accettano la "retromarcia" della vita. Purtroppo, molti non sospettano neppure l'esistenza di questa forza occulta, silenziosa ma irresistibile, che accorre a salvare quanti continuano la lotta nonostante le circostanze avverse e scoraggianti. Allora, dobbiamo tirare in ballo la tenacia, perché sappiamo che senza di essa non si raggiunge alcun successo in nessuna attività.

Mentre scrivo queste righe, guardo dalla finestra e vedo davanti a me, a un isolato di distanza, la grande e misteriosa Broadway, il "cimitero delle speranze" o il "portico delle occasioni", come è stata chiamata. Gente di tutto il mondo viene a Broadway in cerca di fama, fortuna, potere, amore o quant'altro gli uomini chiamino successo. Ogni tanto qualcuno si staglia fra i tanti e tutti possono conoscere la storia del fortunato che ha conquistato Broadway. Eppure, il mondo dello spettacolo non si lascia domare tanto facilmente. Di solito, riconosce il genio e il talento, ricompensandolo con fama e soldi, solo *dopo* che ci si rifiuta di rinunciare.

Allora sembra facile conquistare Broadway, ma il segreto è insepa rabile da un concetto: *caparbietà!*

Questo segreto appare con chiarezza nella storia di Fannie Hurst la cui perseveranza ebbe la meglio sul quartiere dei teatri newyorke si. Era arrivata a New York nel 1915 per sfruttare il suo talento di scrit trice. Non ce la fece subito, ma alla fine vinse lei. Per quattro anni im parò dall'esperienza, in prima persona, cosa fosse la vita di strada: d giorno lavorava e di notte sognava. Quando le speranze si assottiglia rono, non disse a se stessa: «Va bene, Broadway, hai vinto», ma pen sò che, a dispetto di tutto, avrebbe costretto il mondo dei teatri a in chinarsi.

Prima di pubblicarle un racconto, il *Saturday Evening Post* rifiutò ben trentasei volte le sue proposte. Uno scrittore medio, al pari di qual siasi altra persona, avrebbe rinunciato al sogno dopo il primo rifiuto Lei, invece, tenne duro per quattro anni perché era decisa a vincere.

Poi vennero le ricompense. Si era rotto l'incantesimo, la Guida oc culta l'aveva messa alla prova, e Fannie l'aveva superata. Da allora, ogni editore le fece ponti d'oro. Le arrivavano i soldi così in fretta che non riusciva a contarli. In seguito, si accorsero di lei anche i produttori ci nematografici.

Ecco cosa è in grado di fare la tenacia. Fannie Hurst non è un'ec cezione. Ogni volta che qualcuno si arricchisce, state certi che, prima si è applicato con tenacia al suo lavoro. Broadway regala a qualsiasi po stulante una tazzina di caffè e un panino, ma pretende testardaggine da quelli che puntano in alto.

Kate Smith lo sottoscrive in pieno. Per anni aveva cantato, senza sol di e senza imporre il suo prezzo, davanti a ogni microfono su cui po teva mettere le mani. A Broadway le dicevano: «Vieni avanti, se ce la fai». Lei non si spaventò, finché un giorno il mondo dello spettacolo le disse: «A cosa serve bastonarti, tu non senti le botte, per cui stabilisc il tuo compenso che te lo daremo, e poi mettiti a lavorare con impe gno». La Smith impose il suo prezzo, che non era affatto modesto.

Ci si può allenare a essere tenaci

La tenacia è una condizione mentale, per cui la si può addestrare Come tutti gli stati mentali, si basa su cause precise, fra cui:

a. *Chiarezza di intenti.* Sapere ciò che si vuole è il primo passo, forse il più importante, per lo sviluppo della tenacia. Una forte motivazione ci induce a superare molti ostacoli.

b. *Desiderio.* È abbastanza semplice diventare tenaci e rimanerlo perseguendo l'oggetto del proprio intenso desiderio.

c. *Sicurezza di sé.* La convinzione di poter attuare un progetto ci incoraggia a portarlo a termine con caparbietà. (Si acquisisce sicurezza di sé grazie ai princìpi descritti nel quarto capitolo).

d. *Programmazione organizzata.* Un progetto ben strutturato, anche se non fosse applicabile in pratica, corrobora la tenacia.

e. *Conoscenza accurata.* Sapere che i propri piani sono validi, basati sull'esperienza o sull'osservazione, rafforza la tenacia; "tirare a indovinare" invece di "riflettere per sapere" disincentiva la perseveranza.

f. *Cooperazione.* La simpatia, la comprensione e la collaborazione armoniosa coi colleghi tendono a rafforzare la tenacia.

g. *Forza di volontà.* La concentrazione sulla progettazione per il raggiungimento di un obiettivo ci abitua a essere tenaci.

h. *Abitudine.* La tenacia è strettamente connessa all'abitudine. La mente assimila le esperienze quotidiane di cui si alimenta. È possibile curare la paura, il peggiore di tutti i nemici, con *ripetizioni coatte di atti di coraggio.* Lo sa chiunque abbia assistito a operazioni belliche.

Inventario di tenacia personale

Prima di passare a un altro principio, stilate un inventario personale per determinare in quale particolare siete eventualmente carenti di tale qualità. Valutatevi con coraggio, punto per punto, facendo attenzione agli elementi di tenacia in cui siete carenti. Questa autoanalisi vi farà scoprire nuove cose che vi daranno maggiore padronanza di voi stessi.

Troverete i veri nemici che si frappongono fra voi e qualsiasi obiettivo degno di essere perseguito. Rileverete i "sintomi" che indicano un difetto di tenacia, ma anche i motivi di tali difetti radicati nel subconscio. Studiate l'elenco e affrontatevi con onestà se volete davvero conoscere la vostra identità e sapere ciò che siete capaci di compiere. Ecco i difetti che occorre gestire per arricchirsi:

1. Incapacità di riconoscere e definire con chiarezza ciò che si vuole.

2. Rinviare, a ragione o senza motivo. (Di solito accampando una formidabile serie di alibi e pretesti).

3. Disinteresse per l'acquisizione delle conoscenze specialistiche.

4. Indecisione, tendenza a "scaricare il barile", invece di affrontare le situazioni. (Anche qui, accampando scuse).

5. Abitudine a trovare scuse anziché ideare progetti per la soluzione dei problemi.

6. Autocompiacimento. Non c'è rimedio per chi soffre di questa manchevolezza; le speranze sono minime.

7. Indifferenza, che di solito si manifesta nella disponibilità a fare sempre compromessi piuttosto che opporsi e lottare.

8. Abitudine a incolpare gli altri per i propri errori e ad accettare le circostanze sfavorevoli come se fossero inevitabili.

9. Scarso desiderio, causato da trascuratezza nello scegliere i motivi che spingono all'azione.

10. Arrendevolezza, disponibilità a rinunciare al primo segno di sconfitta. (Le cause vanno cercate in una o più delle sei paure fondamentali).

11. Mancanza di piani organizzati e messi per iscritto, così da analizzarli meglio.

12. Abitudine a rifiutare gli stimoli ideali o di cogliere le occasioni che si presentano.

13. Aspirare vagamente, invece di volere con forza.

14. Tendenza ad accettare la povertà, anziché puntare ad arricchirsi. Mancanza di ambizione di *essere, fare, possedere*.

15. Cercare le scorciatoie per la ricchezza, tentare di avere qualcosa senza dare nulla in cambio, cosa che solitamente si riflette nell'inclinazione a speculare, a cercare di strappare vantaggi immeritati.

16. Paura delle critiche, incapacità di formulare piani e di metterli in pratica per timore di quello che diranno, faranno o penseranno gli altri. Questo è il difetto maggiore, il nemico da combattere per primo, perché si insinua nel subconscio senza che ce ne accorgiamo. (Si vedano, nel capitolo finale, le sei paure fondamentali).

Se temete le critiche

Prendiamo in esame alcuni sintomi di questo timore. Numerosi individui si fanno influenzare dagli amici, dai parenti e dal prossimo in genere, al punto da non osare vivere per paura delle critiche che riceveranno.

Un gran numero di persone ha grossi problemi con il coniuge, ma non ha il coraggio di reagire, tirando avanti nella totale infelicità per paura di eventuali rimproveri dall'esterno. (Chiunque si sia arreso a questo modo di pensare sa quanti danni esso arreca all'ambizione personale e al desiderio di autorealizzarsi. In pratica, li annulla).

Milioni di persone rifiutano di dotarsi di un'istruzione, seppur tardiva, iscrivendosi ai corsi serali, perché temono di essere criticati.

Un numero esagerato di donne e uomini, giovani o attempati, permette ai parenti di rovinare loro la vita in nome del dovere poiché sono spaventati dagli eventuali rimproveri. (Il dovere non implica che si debba accettare la negazione delle proprie ambizioni e del diritto di vivere la vita nel modo preferito).

Molti industriali e commercianti non osano rischiare perché sono intimoriti dalle critiche che riceverebbero se dovessero fallire. *In questi casi, il timore di una censura è più forte del desiderio di successo.*

Troppi evitano di puntare in alto o accettano una carriera qualsiasi per tema delle critiche di parenti e "amici" che potrebbero dire: «Non pretendere troppo, la gente penserà che sei matto».

Quando Andrew Carnegie mi suggerì di dedicare vent'anni alla scoperta della filosofia del successo, ebbi un istantaneo moto di paura per quello che avrebbe detto la gente. Il compito era al di sopra di qualunque impresa avessi concepito o in cui mi fossi impegnato fino ad allora. Iniziai a cercare scuse e pretesti, tutte manifestazioni riconducibili all'intrinseca paura delle critiche. Dentro di me, qualcosa mi diceva: «Non ce la puoi fare, il compito è troppo difficile e richiede molto tempo, che cosa penseranno i tuoi genitori? Come farai a mantenerti? Nessuno ha mai enucleato la filosofia del successo, come credi di potercela fare? Chi sei, in fondo, per fissare un obiettivo così elevato? Ricordati delle tue umili condizioni di nascita, che ne sai di filosofia? La gente ti farà passare per pazzo. (E lo hanno fatto). Perché nessun altro si è mai cimentato prima in questo compito?»

Queste e altre domande mi frullavano in testa, occupavano la mia attenzione. Sembrava che il mondo intero si fosse voltato a guardarmi con il preciso scopo di mettermi in ridicolo e farmi rinunciare al desiderio di attuare il suggerimento di Carnegie.

Ebbi allora l'opportunità di soffocare l'ambizione prima che si impadronisse di me. In seguito, dopo aver esaminato migliaia di persone, ho scoperto che molte idee vengono soffocate, mentre avrebbero bisogno subito della linfa vitale sotto forma di progetti organizzati e azione immediata. Per coltivare un'idea, occorre nutrirla subito, appena nasce. Ogni minuto di vita in più le dà maggiori possibilità di sopravvivenza. Il timore delle critiche è alla base dell'aborto di tutte le idee che non raggiungono la fase di progettazione e realizzazione pratica.

Occasioni su misura

Molti credono che il successo materiale dipenda da occasioni favorevoli. Vi è una parte di vero in ciò, ma chi si affida totalmente alla fortuna viene quasi sempre deluso in quanto trascura un altro importante fattore, preliminare al successo. Si tratta della consapevolezza che le occasioni favorevoli possono essere tagliate su misura.

Durante la Depressione, l'attore comico W.C. Fields perse ogni suo avere, si ritrovò senza lavoro, quindi senza reddito, perché a livello pratico non esisteva più la sua professione, il varietà. Aveva ormai superato i sessant'anni, un'età in cui molti si considerano "vecchi". Egli, però, era così desideroso di tornare sul palco da offrire gratis le sue prestazioni nel nuovo spettacolo allora emergente, il cinema. Come se ciò non bastasse, cadde e si fece male al collo. Ce n'era abbastanza per metterci una pietra sopra, ma Fields era tenace: sapeva che, se avesse tenuto duro, prima o poi avrebbe avuto un'occasione, cosa che si verificò, ma non per caso.

Anche Marie Dressler[1] si ritrovò al verde e senza lavoro quando aveva sessant'anni. Cercò le occasioni e, alla lunga, gliene capitarono a sufficienza. La sua tenacia le assicurò un grande trionfo negli ultimi anni di vita, a un'età in cui molti non pensano nemmeno più alle loro ambizioni.

Eddie Cantor[2] perse il suo denaro nel crollo della borsa del 1929, ma gli rimanevano il coraggio e la tenacia. Facendo leva su tali qualità, e sui suoi occhi sporgenti, tornò talmente in auge da guadagnare di nuovo diecimila dollari alla settimana. È proprio vero: chi è caparbio riesce a farsi strada anche se gli mancano altre qualità.

Le uniche occasioni di cui ci si può fidare sono quelle che ci ritagliamo su misura, che di solito accadono applicandosi con tenacia. Il punto d'inizio è la chiarezza di intenti.

Fermate le prime cento persone che incontrate per strada e chiedete loro cosa vogliano di più dalla vita: il novantotto per cento non saprà rispondere. Se insistete, alcuni diranno la sicurezza, molti il denaro, pochi la felicità, altri la fama e il potere, altri ancora il riconoscimento sociale, la vita agiata, l'abilità nel canto, nella danza o nello scrivere, ma nessuno saprà definire questi termini o fornire la minima indicazione di come sperino di raggiungere queste vaghe aspirazioni. La ricchezza non obbedisce alle aspirazioni, ma a progetti definiti, sostenuti da desideri ardenti e messi in pratica con tenacia.

Come sviluppare la tenacia

Esistono quattro semplici fasi che ci fanno assumere l'abitudine di perseverare. Per applicarle, non occorre essere intelligenti o avere una particolare istruzione scolastica, basta un po' di tempo e di impegno. Ciò che occorre è:

1. Uno scopo preciso sostenuto dall'intenso desiderio di realizzarlo.

2. Un progetto strutturato ed espresso in azioni prolungate.

3. Una mentalità che rifiuta decisamente le influenze negative, inclusi i consigli scoraggianti di parenti, amici e conoscenti.

---

[1] Attrice statunitense (1869-1934), nata in Canada [N.d.t.].
[2] Comico americano (1893-1964) [N.d.t.].

4. Un'alleanza con una o più persone che ci stimolano a eseguire i progetti e perseguire gli obiettivi.

Sono fasi necessarie per il successo in qualunque attività. I tredici princìpi della filosofia a esse sottesi mirano a farvele intraprendere come normale *abitudine*.

Sono le fasi con cui si decide il proprio destino economico.
Sono le fasi che assicurano la libertà e l'indipendenza mentale.
Sono le fasi che conducono alla ricchezza, più o meno grande.
Lastricano la strada che porta alla fama, al potere e al riconoscimento mondano.
Garantiscono il verificarsi di occasioni favorevoli.
Trasformano i sogni in realtà.
Conducono anche al controllo delle paure, dell'indifferenza e dello scoraggiamento.

Chi apprende a gestire le quattro fasi è atteso da una magnifica ricompensa: il privilegio di controllare il proprio destino, attingendo dalla vita i beni che chiede.

Come padroneggiare le difficoltà

Quale potere mistico dà agli uomini tenaci l'abilità di gestire le situazioni difficili? Forse la tenacia genera nella mente umana un'attività chimica o spirituale che ci permette di accedere a forze sovrannaturali? O forse è l'Intelligenza Infinita a mettersi dalla parte delle persone che, dopo aver perso la battaglia, continuano a lottare contro ogni possibilità avversa?

Questi erano gli interrogativi che mi assillavano mentre osservavo uomini come Henry Ford che, iniziando dal nulla e facendo leva quasi solo sulla tenacia, aveva costruito un impero economico di enormi proporzioni. O come Thomas Edison che, con meno di tre mesi di istruzione, riuscì a diventare l'inventore più famoso al mondo, trasformando la sua tenacia nel fonografo, nella cinepresa, nella lampadina a filamenti incandescenti e in tantissime altre invenzioni.

Ho avuto il privilegio di conoscere sia Ford sia Edison, frequentandoli per anni, potendoli quindi analizzare da vicino; parlo con cognizione di causa quando asserisco che non ho trovato in loro altra dote all'infuori della caparbietà che potesse lontanamente spiegare le stupende realizzazioni.

Esaminando in modo obiettivo i profeti, i filosofi, i capi religiosi e gli autori di miracoli del passato, si è indotti alla conclusione inevitabile che la tenacia, la concentrazione degli sforzi e la chiarezza di intenti sono sempre state al centro delle loro imprese.

Prendiamo a esempio la strana e affascinante storia di Maometto, compariamo la sua vita con quella dei moderni personaggi di successo in campo industriale e finanziario: non possiamo non notare un tratto in comune: la tenacia!

Se siete interessati a capire lo strano potere che infonde forza alla tenacia, leggete una biografia di Maometto, in particolare quella scritta da Essad Bey.

X

IL POTERE DELL'ALLEANZA DI CERVELLI

LA FORZA DELLA MENTE SUPERIORE
Nono passo verso la ricchezza

I l potere è un elemento essenziale per l'arricchimento personale.
I progetti sono inutili e inapplicabili senza sufficiente forza per tradurli in azione. In questo capitolo, descriverò il metodo con cui una persona può attingere a tale potere.

Possiamo definire il potere come "conoscenza organizzata e diretta in maniera intelligente". Per i nostri scopi, il potere è sforzo organizzato così da permettere a un individuo di trasformare il suo desiderio nell'equivalente monetario. Questa programmazione viene di solito realizzata mediante la coordinazione dell'impegno di due o più persone che collaborano per il conseguimento di un obiettivo in spirito di reciproca armonia e comprensione.

Per accumulare denaro, ci vuole potere! Dopo averlo accumulato dobbiamo avere la forza per conservarlo!

Ma vediamo come si possa acquisire il potere personale. Siccome si tratta di una "conoscenza organizzata", quali sono le fonti di tale conoscenza?

1. *Intelligenza Infinita.* Si può entrare in contatto con questa fonte grazie alla procedura descritta in un capitolo precedente e all'aiuto dell'immaginazione creativa.

2. *Esperienza accumulata.* La storia umana, almeno quella registrata organizzata in forma di esperienza pratica, è disponibile in ogni biblioteca pubblica ben fornita. Una parte importante di tale competenza viene insegnata nelle scuole pubbliche e nelle università, debitamente suddivisa in diversi argomenti.

3. *Esperimenti e ricerche.* In campo scientifico e in ogni settore professionale, gli uomini raccolgono, classificano e organizzano quotidianamente fatti nuovi. Questa è la fonte a cui dobbiamo rivolgerci quando l'"esperienza accumulata" non mette a disposizione le conoscenze che ci servono. Anche in questo caso è necessario usare l'immaginazione creativa.

Si possono attingere le cognizioni utili da ciascuna delle fonti citate; poi occorre trasformarle in potere, organizzandole in progetti strutturati da applicare a livello pratico.

L'analisi delle tre fonti di conoscenza rivela subito le difficoltà a cui andrebbe incontro una persona se dovesse dipendere soltanto dai suoi sforzi per organizzare programmi realizzabili con azioni concrete. Se tali progetti sono esaurienti e di ampia portata, si dovranno persuadere altre persone a collaborare prima di poter infondere in essi l'energia necessaria per applicarli.

Attingere potere da un'alleanza di cervelli

L'alleanza di cervelli è definibile come "coordinazione di sforzi e conoscenze fra due o più persone, in spirito di armonia e allo scopo di conseguire un obiettivo".

Nessuno può avere grande potere senza avvalersi di un'alleanza di cervelli. In un precedente capitolo ho delineato istruzioni per l'ideazione di progetti allo scopo di tradurre il desiderio nel corrispettivo monetario. Se eseguirete tali istruzioni con tenacia e intelligenza, usando discernimento nella scelta dei membri della vostra alleanza di cervelli, avrete già raggiunto mezzo obiettivo, magari non sapendo quale sia.

Per una migliore comprensione delle grandi potenzialità immateriali di questa forza, spiegherò le due caratteristiche che la contraddistinguono, una delle quali è di natura economica, l'altra psichica. La prima è ovvia: si ottengono vantaggi economici ogni volta che una persona si circonda di un gruppo di individui disposti a collaborare fornendole consigli e suggerimenti in spirito di perfetta armonia. Questa cooperazione sta alla base di quasi tutte le imprese fortunate. La vostra capacità di servirvene determinerà le condizioni economiche in cui vi troverete.

133

La caratteristica psichica dell'alleanza di cervelli è un concetto ı po' più difficile. Forse potete farvene un'idea con questa frase: «Qua do due menti si uniscono, creano sempre una terza forza, intangibil< invisibile, che possiamo paragonare a una terza mente, superiore».

La mente umana è una forma di energia, una parte della quale natura spirituale. Se si coordina in modo armonioso la mente di d persone, l'essenza spirituale della loro energia crea un'affinità, che c stituisce la fase psichica dell'alleanza di cervelli.

Il primo ad attirare la mia attenzione sulla caratteristica economı di tale principio fu Andrew Carnegie. Questa rivelazione ha deciso corso della mia attività professionale.

L'alleanza di cervelli di cui si avvaleva Carnegie era composta da u cinquantina di persone che lo aiutavano in tutte le fasi della produzi ne e vendita dell'acciaio. Secondo lui, il suo impero era dovuto alla f< za che gli infondevano i membri del suo gruppo di lavoro.

Analizzate i primati stabiliti da chiunque si sia più o meno arricc} to: vi accorgerete che, a livello conscio o inconscio, egli ha impiega il principio dell'alleanza di cervelli.

Non ci sono altri modi per accumulare grandi ricchezze!

Come rafforzare il potere mentale

Il cervello umano è simile a una batteria elettrica. Tutti sanno c un gruppo di batterie produce più energia di una sola batteria. È in tre risaputo che un singolo accumulatore produce energia in prop< zione al numero e alla capacità delle cellule che contiene.

Il cervello funziona in maniera analoga. Ciò spiega perché alcuni c velli siano più efficienti di altri e un gruppo di cervelli coordinati moniosamente, o in stretto collegamento, forniscono più energia m< tale o riflessiva di un unico encefalo.

Questa metafora ci permette di capire che il principio dell'allear di cervelli ingloba il segreto del potere esercitato da chi si circonda collaboratori che uniscono i loro sforzi.

Da ciò consegue la fase psichica menzionata: quando un gruppo di p sone coordina in modo armonioso le proprie energie mentali, la maggic energia che ne deriva si rende disponibile a ciascun individuo del grupp

Tutti sanno che Henry Ford iniziò la sua carriera da zero: era pove analfabeta e ignorante. Però, nel breve giro di dieci anni riuscì a supe re gli svantaggi iniziali e dopo altri quindici anni era l'uomo più ricco d'America. Aggiungeteci il fatto che i suoi rapidi successi furono ottenuti soprattutto dal periodo in cui diventò amico di Thomas Edison e capirete quali miracoli possa compiere la coordinazione di due menti eccelse. Qualche tempo dopo, Ford progredì nella sua carriera servendosi della collaborazione di Harvey Firestone[1], John Burroughs[2] e Luther Burbank[3], tutti personaggi di elevate capacità mentali. Ciò dimostra ulteriormente che l'alleanza di cervelli produce potere grazie agli sforzi coordinati.

L'uomo assume la natura, i comportamenti e la forza mentale di coloro con cui si associa in spirito di simpatia. Grazie all'associazione con Edison, Burbank, Burroughs e Firestone, Henry Ford integrò la sua energia mentale con l'intelligenza, l'esperienza, le conoscenze e il potere spirituale dei suoi quattro amici. Inoltre, egli seppe usare tale potere con le tecniche descritte in questo libro.

Il principio dell'alleanza di cervelli è disponibile anche per voi!

Abbiamo già parlato di Gandhi, ma analizziamo meglio il metodo di cui egli si servì per attingere a una straordinaria forza. Riuscì a indurre più di duecento milioni di persone a coordinare i loro sforzi mentali e fisici in spirito di armonia per il conseguimento di un preciso scopo.

In breve, Gandhi fu capace di compiere un miracolo, perché non è possibile definire altrimenti la facoltà non di costringere, bensì di convincere più di duecento milioni di individui a collaborare armoniosamente. Se ne dubitate, cercate di persuadere due persone a cooperare d'amore e d'accordo per *qualsiasi lasso di tempo, anche minimo.*

Ogni imprenditore e caporeparto sa quanto sia arduo riuscire a far collaborare operai o impiegati con un minimo di armonia.

L'elenco delle fonti principali da cui attingere il potere personale è capeggiato dall'Intelligenza Infinita. Quando due o più persone si uniscono per lavorare insieme con comunanza di intenti, l'alleanza le mette in grado di assimilare una forza superiore dalla grande riserva energetica universale dell'Intelligenza Infinita. Questa è la fonte inesauribile di ogni potere, a cui si rivolgono i grandi leader e i geni, magari inconsapevolmente.

---

[1] Industriale americano (1868-1938) [N.d.t.].
[2] Naturalista americano (1837-1921) [N.d.t.].
[3] Orticoltore americano (1849-1926) [N.d.t.].

Le altre due fonti per l'accumulo di potere e delle conoscenze ne cessarie sono i cinque sensi dell'uomo, che però non sono sempre affidabili, dato che siamo imperfetti.

Nei prossimi capitoli descriverò i metodi con cui entrare rapidamente in contatto con l'Intelligenza Infinita.

Nessun principio che espongo deve perciò essere interpretato in modo da interferire in via diretta o indiretta con le pratiche religiose del lettore.

Leggete, *pensate* e meditate. In breve tempo, vi si svelerà l'intero progetto e lo potrete osservare in prospettiva. Per il momento, accontentatevi di comprendere i dettagli di ogni capitolo.

Il potere delle emozioni positive

Il denaro è timido e sfuggente, lo si deve corteggiare e conquistare con metodi analoghi a quelli usati da un innamorato cui non manca la determinazione per sedurre la donna preferita. Forse è una coincidenza, ma anche il potere usato per "corteggiare" il denaro è simile a quello che serve per conquistare una ragazza. Infatti, bisogna unirlo alla fede, al desiderio e alla tenacia, attivandolo attraverso un progetto da mettere in pratica.

Quando il denaro comincia ad affluire in grandi quantità, lo si riceve facilmente come l'acqua del fiume che scorre giù dai monti. Esiste una grande e occulta corrente monetaria, simile a un fiume sotterraneo, con un'unica differenza: la corrente scorre in due sensi. Chi è dalla parte giusta viene trascinato in avanti e verso l'alto, mentre chi sta dalla parte sbagliata si unisce agli sfortunati che non sanno districarsi e finiscono per farsi prendere dal gorgo e dell'infelicità.

Tutti coloro che hanno accumulato grandi ricchezze riconoscono l'esistenza di tale corrente vitale. In pratica, si tratta dei processi mentali: le emozioni positive rappresentano la forma di pensiero che trascina verso la corrente fortunata, mentre le emozioni e i sentimenti negativi trascinano verso l'insuccesso.

Da ciò consegue un'idea di enorme importanza per chi, leggendo questo libro, desidera arricchirsi.

Se vi trovate nella corrente che vi porterà all'indigenza, usate il libro come remo con cui cambiare direzione. Potrete farlo solo applicandone i princìpi: la semplice lettura non serve a nulla, tanto meno emettere giudizi in un senso o nell'altro.

Ricchezza e povertà si scambiano spesso il posto. Il povero che si arricchisce lo fa di solito eseguendo progetti ben concepiti e strutturati. Per l'indigenza non serve alcun piano e nessun aiuto, dal momento che essa è audace e spietata. La ricchezza, invece, è timida e sfuggente, occorre saperla "lusingare".

NEL FARE,
NON SOLO
NEL POSSEDERE,
SI TROVA
LA FELICITÀ

XI

IL MISTERO
DELLA TRASMUTAZIONE SESSUALE

Decimo passo verso la ricchezza

In termini semplici, il significato della parola "trasmutazione" è "cambiamento o trasferimento di un elemento, o di un aspetto energetico, in un altro".

L'emozione sessuale si riferisce a uno stato mentale.

A causa dell'ignoranza sull'argomento, questo stato mentale viene di solito associato all'atto fisico; inoltre, le inadeguate influenze a cui molti sono stati soggetti durante la crescita hanno fatto loro credere cose sbagliate sul sesso.

Tale emozione si basa su tre potenzialità positive:

1. Il perpetuamento del genere umano.

2. Il mantenimento del corpo in buona salute (come fattore terapeutico, il sesso non ha eguali).

3. La trasformazione della mediocrità in genialità.

La trasmutazione sessuale è presto spiegata: si tratta di stornare la mente dai pensieri dell'atto fisico, focalizzandola su pensieri di altra natura.

Il desiderio del sesso è l'istinto umano più potente. Spinti da tale desiderio, gli uomini acuiscono la fantasia, corroborano il coraggio, fortificano la volontà, la tenacia e le facoltà creative che altrimenti non potrebbero sviluppare. L'istinto del contatto sessuale è talmente forte e irresistibile che corriamo anche il rischio di mettere in pericolo la vita pur di indulgervi. Sublimata e indirizzata diversamente, questa forza conserva tutti i suoi attributi descritti (coraggio, immaginazione ecc.), come dimostrano le energie creative applicate all'arte, alla letteratura e a tutte le professioni, incluse quindi quelle che favoriscono l'arricchimento personale.

La trasformazione dell'energia sessuale richiede un notevole sforzo di volontà, ma la ricompensa ripaga questa sublimazione. Il desiderio dell'espressione sessuale è naturale, innato, per cui appare controproducente reprimerlo o eliminarlo. Bisogna cioè trovargli una valvola di sfogo, ovvero forme di espressione che arricchiscano il corpo, la mente e lo spirito. In mancanza di tale elevazione, esso cercherà di degradarsi in espressioni puramente fisiche.

È possibile costruire una diga su un fiume e arrestarne le acque, almeno temporaneamente, ma alla lunga esso troverà il modo di passare. Lo stesso vale per il sesso: lo si può tenere sotto controllo per un po', ma la sua natura lo costringerà a trovare un modo di espressione. Se non lo sublimiamo in un'attività creativa, esso si perderà in sfoghi meno degni.

Rapporto fra successo e personalità che hanno sublimato il sesso

Fortunata è la persona che ha scoperto come dare all'emozione sessuale uno sfogo sotto forma di creatività. Le ricerche scientifiche hanno svelato questi fatti:

1. Le persone di maggior successo hanno una natura sensuale molto sviluppata: hanno imparato l'arte di sublimare il sesso.

2. I personaggi che si sono arricchiti e hanno raggiunto la fama in campo letterario, artistico, industriale, architettonico e professionale erano positivamente stimolati dall'influenza di una donna.

Le ricerche si basavano sulla storia e sulle biografie di uomini e donne vissuti negli scorsi duecento anni. Ogni volta che qualcuno emergeva per le sue realizzazioni, l'analisi accurata dimostrava il concorso di una forte carica erotica.

L'emozione del sesso è una "forza irresistibile" contro la quale non è possibile opporre un "corpo inerte". Motivato da questa emozione, l'uomo si dota di un talento e di un'energia superiori per l'azione. Ciò giustifica la frase secondo cui la sublimazione del sesso contiene il segreto della creatività.

Asportate le ghiandole sessuali a un uomo, o a un animale, e gli avrete tolto lo stimolo per ogni attività. La dimostrazione sono gli animali castrati: un toro diventa docile e passivo come una mucca. La castrazione della virilità toglie all'uomo o all'animale tutta la sua voglia di lottare. Lo stesso dicasi per la donna a cui siano alterati gli ormoni sessuali.

I dieci stimoli mentali

La mente umana reagisce agli stimoli e si "eccita" sintonizzandosi su vibrazioni speciali: l'entusiasmo, l'immaginazione creativa, il desiderio ardente, ecc. Gli stimoli a cui essa reagisce più prontamente sono:

1. Il desiderio di espressione sessuale.

2. L'amore.

3. Il desiderio intenso di fama, potere o benessere finanziario.

4. La musica.

5. L'amicizia con persone dello stesso sesso o del sesso opposto.

6. L'alleanza di cervelli fondata sull'armonia di due o più individui che si uniscono per il progresso spirituale o materiale.

7. La sofferenza condivisa, come quella provata dalle persone perseguitate.

8. L'autosuggestione.

9. La paura.

10. L'alcol e gli stupefacenti.

Il desiderio di espressione sessuale svetta in cima all'elenco degli stimoli mentali che accelerano la funzione cerebrale e mettono in moto le conseguenti azioni. I primi otto stimoli sono naturali, positivi e costruttivi. Gli ultimi due sono negativi. Li ho elencati per permettervi di paragonare tutte le fonti di motivazione personale: è evidente che l'emozione sessuale è lo stimolo di gran lunga più forte e potente.

Qualche saccente ha detto che i geni sono persone che «portano i capelli lunghi, mangiano cibo strano, vivono in solitudine e servono da bersaglio per gli scherzi dei buontemponi». Ma una definizione migliore di un genio è questa: «L'uomo che ha scoperto come incrementare l'intensità del suo pensiero fino al punto di comunicare liberamente con le fonti di conoscenza che non sono disponibili al normale ritmo mentale».

I lettori riflessivi vorranno porre alcune domande sulla definizione del genio appena menzionata. Il primo quesito è: «In che modo è possibile comunicare con le fonti di conoscenza che non sono disponibili al normale ritmo mentale?»

Il secondo interrogativo è: «Esistono fonti note di conoscenza che sono disponibili solo ai geni e, in caso positivo, quali sono tali fonti e come possiamo sfruttarle?»

Presenterò delle prove che potrete valutare eseguendo una sperimentazione pratica e, così facendo, risponderò ad ambedue le domande.

Si sviluppa la "genialità" col sesto senso

Si è ormai dimostrata la realtà dell'esistenza di un sesto senso: è l'immaginazione creativa, una facoltà che la maggioranza delle persone non usa mai, per tutta la vita e, se talora la usa, lo fa per puro caso. Se ne serve con premeditazione un numero relativamente ristretto di individui: sono questi i geni che si avvalgono della creatività perché ne comprendono appieno le funzioni e gli obiettivi.

L'immaginazione creativa è lo strumento di interconnessione fra la mente limitata dell'uomo e l'Intelligenza Infinita. Le cosiddette rivelazioni di cui si parla in ambito religioso e tutte le scoperte di princìpi nuovi o fondamentali nel campo delle invenzioni umane avvengono grazie a questa fantastica facoltà umana.

Da dove vengono le intuizioni

Quando ci vengono in mente idee o concetti nuovi per mezzo di quella che viene popolarmente definita "intuizione", le fonti possono essere le seguenti:

1. Intelligenza Infinita.

2. Il subconscio individuale, dove sono immagazzinati tutti gli impulsi mentali e le impressioni che hanno colpito i sensi e il cervello della persona.

3. La mente di un'altra persona che ci svela una sua idea, intuizione o nozione attraverso il pensiero cosciente.

4. Il subconscio di un'altra persona.

Non esistono altre fonti note da cui attingere idee ispirate o intuizioni. Una volta incentivata la sua attività cerebrale con uno o più dei dieci stimoli, un individuo si eleva molto al di sopra degli orizzonti del normale pensiero, immaginando soluzioni e intuendo idee di portata superiore, del tutto staccate dal piano inferiore, quello in cui si è relegati quando si svolgono le occupazioni professionali caratterizzate dalla ripetizione e dalla monotonia.

Librandosi al di sopra del normale livello di pensiero, è come se la persona fosse seduta in un aereo, a un'altezza da cui può vedere oltre la linea dell'orizzonte a cui è limitata la sua visione mentre si trova a terra. Inoltre, a quell'altezza di pensiero, l'individuo non è ostacolato dai bisogni che limitano la sua immaginazione quando deve lottare per assicurarsi il cibo, il vestiario e l'abitazione. Si trova in un mondo intellettuale da cui sono state rimosse le preoccupazioni, come non vediamo più le colline quando ci troviamo in aereo.

A tale livello di esaltazione intellettuale, la creatività ha briglia sciolta: si sgombera la strada per far funzionare il sesto senso. La mente diventa ricettiva alle idee che altrimenti rimarebbero inattingibili. Il sesto senso è la facoltà che distingue un genio da un individuo normale.

Sviluppare la facoltà creativa

La creatività si allerta e diventa più ricettiva ai fattori che nascono al di fuori del subconscio individuale nella misura in cui la si usa e ci si affida al suo potere, chiedendole di stimolarci con impulsi mentali. Solo la pratica ci permette di sviluppare tale facoltà.

Ciò che definiamo "coscienza" individuale opera completamente attraverso il sesto senso.

I grandi artisti, scrittori, poeti e musicisti raggiungono l'eccellenza perché si abituano a fare affidamento sulla "tranquilla voce interiore" che, grazie all'immaginazione creativa, parla dalla coscienza. La gente dotata di fantasia sfrenata è ben consapevole di elaborare le migliori idee per mezzo dei cosiddetti lampi di intuizione.

C'è un grande oratore che dà il meglio di se stesso quando si concentra, chiude gli occhi e si affida totalmente alla sua immaginazione. Quando gli domandarono per quale motivo chiudesse gli occhi prima di enunciare i punti salienti dei suoi discorsi, egli rispose: «Perché così parlo con le idee che mi vengono da dentro».

Uno dei più celebri e ricchi finanzieri americani soleva chiudere gli occhi per due o tre minuti prima di assumere una decisione importante. Gli chiesero perché lo facesse e lui replicò: «A occhi chiusi riesco ad attingere alla fonte dell'intelligenza superiore».

Come venivano in mente le migliori idee a un inventore

Il compianto Elmer R. Gates di Chevy Chase, nel Maryland, brevettò più di duemila invenzioni pratiche grazie all'uso della facoltà creativa, che coltivava con particolare attenzione. Il suo metodo è interessante per chi voglia diventare un genio, categoria alla quale apparteneva certamente Gates. Lui è stato uno dei maggiori scienziati mai esistiti, anche se ha goduto di scarsa pubblicità.

Nel suo laboratorio disponeva della sua "stanza di comunicazione personale", così come lui stesso la chiamava. Era acusticamente isolata e provvista di un sistema di spegnimento di tutte le luci. C'era un tavolino, su cui era sempre posata una risma di fogli. Davanti al tavolino, sul muro, c'era un bottone elettrico per il controllo generale delle luci. Quando Gates voleva attingere alla forza della sua immaginazione, si isolava nella stanza, sedeva al tavolo, spegneva le luci e *si concentrava* sui fattori *noti* dell'invenzione su cui stava lavorando, restando in tale posizione finché non cominciavano a venirgli in mente le idee relative ai fattori ignoti dell'invenzione.

Una volta ebbe delle intuizioni così rapide che fu costretto a metterle subito per iscritto, operazione per la quale gli ci vollero quasi tre ore. Quando non ebbe più idee, analizzò gli appunti che aveva preso e si accorse che contenevano la descrizione dettagliata di princìpi che non avevano l'uguale fra i dati scientifici conclamati. Inoltre, negli appunti vi era la risposta al suo problema.

Gates si guadagnava da vivere "isolandosi per stimolare l'intuito", vendendo le sue idee a privati o aziende. Alcune delle maggiori società americane gli pagavano parcelle elevatissime, un tanto all'ora, affinché lui si isolasse e stimolasse l'intuito.

La razionalità è spesso fallace perché si affida quasi interamente all'esperienza. In effetti, non tutte le conoscenze accumulate con l'esperienza sono accurate. Per converso, le idee elaborate dalla creatività sono molto più affidabili perché maggiormente sicure sono le fonti rispetto a quelle disponibili usando la ragione.

I metodi usati dai geni sono disponibili

La principale differenza fra un genio e un comune inventore "pazzo" è l'uso da parte del primo della sua facoltà immaginativa, mentre il secondo non sa nulla di tutto ciò. L'inventore scientifico si serve sia della facoltà sintetica sia di quella creativa.

Per esempio, il vero inventore inizia organizzando e associando i princìpi noti, o i fatti accumulati con l'esperienza, avvalendosi della sintesi (la razionalità). Se ritiene che le conoscenze così acquisite siano insufficienti per l'invenzione, fa appello alle fonti di conoscenza disponibili attraverso la sua facoltà *creativa*. Il metodo può variare a seconda degli inventori, ma la procedura è essenzialmente questa:

1. Sollecita la mente per farla funzionare su un piano superiore al normale, impiegando uno o più stimoli mentali, o altri incentivi a scelta.

2. Si concentra sui fattori noti dell'invenzione (la parte finita) e si figura nella mente un quadro perfetto dei fattori ignoti (la parte non terminata). Trattiene il quadro nella mente fino a farlo assimilare dal subconscio, poi si rilassa eliminando tutti i pensieri che gli frullano in testa e aspettando che gli vengano in mente le idee sotto forma di intuizione.

A volte i risultati sono immediati e precisi, altre volte sono negativi, a seconda delle condizioni di sviluppo del sesto senso, o facoltà creativa.

Edison sperimentò più di diecimila diverse combinazioni di idee usando la facoltà sintetica dell'immaginazione, ossia la razionalità, prima di "sintonizzarsi" sulla facoltà creativa e ricevere la risposta con cui perfezionò la lampadina a filamenti incandescenti. Lo stesso gli accadde quando inventò il fonografo.

Ci sono innumerevoli prove sull'esistenza della creatività: basta studiare la vita degli uomini che sono diventati i punti di riferimento nella loro attività senza una particolare istruzione scolastica. Lincoln fu un ottimo esempio di personaggio di spicco che, usando la sua immaginazione, riuscì a compiere grandi imprese. Scoprì di avere tale facoltà in modo accentuato grazie alla motivazione che gli infondeva Ann Rutledge, cosa che ci induce ad approfondire le riflessioni sulla fonte della genialità.

La forza stimolante del sesso

Le pagine della storia sono piene delle gesta di grandi uomini sui quali possiamo rintracciare l'influenza esercitata da donne capaci di stimolare la loro creatività. Uno di questi era certamente Napoleone Bonaparte: quando lo ispirava la sua prima moglie, Josephine, era irresistibile e invincibile. Quando la sua razionalità, o "giudizio ponderato", lo indusse a ripudiare Josephine, iniziò il suo declino. Poco dopo sarebbero seguite la sconfitta di Waterloo e la prigionia a Sant'Elena.

Se non ce lo impedissero motivi di buon gusto, potremmo citare centinaia di uomini famosi in tutti gli Stati Uniti che hanno compiuto grandi realizzazioni grazie all'influenza e alla motivazione delle loro mogli, riducendosi sul lastrico quando denaro e potere gli fecero perdere loro la testa, convincendoli a divorziare dall'anziana compagna per sposarne una giovane. Napoleone non è stato l'unico a scoprire che la forza del sesso, *debitamente incanalata*, è più potente delle convenienze personali e dell'opportunismo, a cui talora ci induce la ragione.

La mente umana reagisce agli stimoli!

E lo stimolo più potente è l'istinto sessuale. Disciplinata e sublimata, questa forza è capace di elevarci verso le alte sfere intellettuali che ci consentono di controllare la fonte di ogni preoccupazione e di tutte le meschinità che incontriamo al piano inferiore della quotidianità.

Tanto per rinfrescare la memoria, segue una lista degli uomini che, in base alla loro biografia, sono stati in grado di compiere imprese degne di encomio anche perché seppero sublimare l'istinto erotico. La loro genialità trovò la sua fonte nel potere di trasmutazione dell'energia sessuale.

GEORGE WASHINGTON
NAPOLEONE BONAPARTE
WILLIAM SHAKESPEARE
ABRAMO LINCOLN
RALPH WALDO EMERSON
ROBERT BURNS
ENRICO CARUSO

THOMAS JEFFERSON
ELBERT HUBBARD
ELBERT H. GARY
WOODROW WILSON
JOHN H. PATTERSON
ANDREW JACKSON

Le vostre cognizioni storiche vi permetteranno certamente di allungare la lista. Se ne siete capaci, trovate un solo uomo in tutta la storia della civiltà che abbia avuto successo senza essere motivato da una sessualità sana e risolta.

L'energia del sesso sta alla base della creatività di ogni individuo geniale. *Non c'è mai stato, né mai ci sarà, un grande leader, un artista o un innovatore a cui manchi la forza stimolante della sessualità.*

Non fraintendete: questo non vuol dire che tutti coloro i quali sanno sublimare il sesso siano dei geni. Si raggiunge la genialità solo se si stimola la mente per attingere alle forze disponibili grazie alla facoltà dell'immaginazione. L'incentivo principale per accelerare il processo è l'energia sessuale. Il semplice *possedere* tale energia non basta per produrre il genio: l'energia dev'essere prima *trasformata* dal desiderio di contatto fisico in un'*altra* forma di desiderio e azione.

Lungi dal puntare alla genialità attraverso la sublimazione degli istinti erotici, la maggioranza degli uomini fraintende e usa in modo inappropriato questa grande forza, *abbassandosi* al livello delle bestie.

Perché si ha raramente successo prima dei quarant'anni

Analizzando più di venticinquemila individui, ho scoperto che raramente gli uomini raggiungono un certo successo prima dei quarant'anni, anzi, spesso cominciano a marciare spediti solo dopo i cinquanta: una cosa che mi stupiva, perciò decisi di indagarne le cause.

Il motivo principale è la precedente tendenza a dissipare le energie individuali nell'espressione fisica dell'emozione sessuale. La maggioranza degli uomini non impara *mai* che l'istinto sessuale ha altre possibilità di sfogo, che sono molto più importanti del puro atto di accoppiamento. I pochi che se ne rendono conto lo fanno *dopo aver sprecato molti anni,* nel periodo in cui l'energia erotica è al culmine, poco prima dei quarantacinque-cinquant'anni. A ciò seguono di solito le loro grandi realizzazioni.

Prima dei quaranta, e spesso anche dopo, la vita di molti individui è caratterizzata da un continuo spreco di energie, che avrebbero potuto essere veicolate in canali più proficui. In pratica, disperdono ai quattro venti le loro potenti emozioni. Questa è naturalmente un'abitudine molto nociva.

Il desiderio dell'espressione sessuale è l'emozione umana di gran lunga più potente: perciò, *se lo sfruttiamo e lo trasmutiamo* in azione pratica, diversa dall'atto erotico, potremo compiere grandi imprese.

Il più grande incentivo mentale

Nella storia non mancano esempi di uomini caratterizzati dalla genialità, raggiunta in modo artificiale grazie a sostanze stimolanti come le droghe o l'alcol. Edgar Allan Poe scrisse *Il corvo* sotto l'influsso dei liquori, «sognando sogni mai prima arditi sognare da anima viva». Il poeta James Whitcombe Riley scrisse le sue cose migliori sotto i fumi dell'alcol e forse fu così che riuscì a vedere «l'ordinato intrecciarsi di sogno e realtà, del mulino sopra il fiume, della foschia sopra la corrente». Robert Burns dava il meglio di sé quando era ubriaco: «Per il buon tempo andato, mia cara, berremo ancora una tazza di cortesia, per il buon tempo andato».

Si noti che molti di tali personaggi, però, si sono autodistrutti e sono finiti male. La natura ha preparato le sue pozioni con cui gli uomini possono stimolarsi mentalmente per sintonizzarsi su pensieri sublimi ed elaborati, che nessuno sa da dove vengano! Finora non è stato scoperto niente che possa sostituire gli stimolanti naturali.

Sono le emozioni umane a guidare il mondo e il corso della civiltà. Le nostre azioni sono determinate dai sentimenti, non dalla ragione. La creatività viene innescata dalle emozioni che proviamo, *non dalla fredda razionalità*.

Possiamo definire incentivo mentale qualsiasi influenza che incrementa temporaneamente o in modo durevole le capacità intellettuali. I dieci stimoli mentali, elencati verso l'inizio di questo capitolo, sono quelli su cui si fa affidamento il più delle volte per sintonizzarsi sull'Intelligenza Infinita, oppure per accedere alla riserva del subconscio individuale, anche di un'altra persona. *La genialità è tutta qui.*

La riserva di magnetismo personale

Un istruttore commerciale, che ha addestrato e disciplinato più di trentamila venditori, ha fatto una sconcertante scoperta: gli uomini più capaci di sublimare il sesso sono anche i migliori venditori. In effetti, il tratto caratteriale noto come "magnetismo personale" non è altro che energia sessuale. Le persone dalla forte carica erotica possiedono sempre una grande riserva di magnetismo. Compresa, coltivata e sublimata, questa forza vitale può essere usata per trarre grandi vantaggi dai rapporti interpersonali. È un'energia che possiamo comunicare agli altri nei seguenti modi:

1. *La stretta di mano.* Il tocco della mano indica subito la presenza, o la mancanza, di magnetismo.

2. *Il tono di voce.* Il magnetismo, o energia sessuale, dà colore alla voce, la rende musicale e affascinante.

3. *Postura e portamento del corpo.* Le persone dalla forte carica erotica si muovono con vivacità, grazia e agilità.

4. *Le vibrazioni mentali.* Chi sublima il sesso mescola a profusione la sensualità con l'attività intellettuale, influenzando così quelli che gli sono vicini.

5. *Cura del corpo.* Chi ha una grande carica sessuale ben sublimata è molto attento all'aspetto fisico. Di solito, sceglie vestiti di stile che si adattano alla sua personalità, al suo fisico, alla sua pelle ecc.

Durante i colloqui di assunzione, i direttori del personale più accorti cercano *per prima cosa* di capire se i candidati al posto di venditore hanno magnetismo personale. Chi non ha grande energia sessuale non avrà mai entusiasmo, né sarà capace di ispirarlo ad altri. Per un venditore, l'entusiasmo è uno dei requisiti maggiori, a prescindere da ciò che deve vendere.

L'oratore, il predicatore, l'avvocato o il venditore senza carica erotica fanno "fiasco", cioè non convincono nessuno. A ciò aggiungete il fatto che la maggior parte dei compratori è sensibile all'appello alle emozioni e capirete perché l'energia sessuale è tanto importante per un venditore. I grandi venditori raggiungono elevati livelli professionali perché sanno *trasformare*, più o meno consapevolmente, l'energia del sesso in entusiasmo per il lavoro! Questo non è altro che un suggerimento per mettere in pratica il vero significato della trasmutazione sessuale.

Il venditore che sa stornare la mente dal soggetto del sesso infondendo nel suo lavoro l'energia, l'entusiasmo e la determinazione che userebbe per lo scopo originario ha assimilato l'arte della trasmutazione sessuale, anche se non ne è consapevole. Infatti, la maggioranza dei venditori che sublimano così la loro carica erotica non sa cosa sta facendo o come lo stia facendo.

La sublimazione dell'energia erotica richiede maggiore forza di volontà di quanto ci voglia mediamente per la realizzazione dello scopo originario (l'atto erotico). Anche chi ha difficoltà a trovare la forza per questa sublimazione può, col tempo, imparare. È un'abilità che richiede un certo impegno, ma la ricompensa pratica varrà lo sforzo.

Una concezione errata del sesso danneggia il carattere personale

Purtroppo, sembra che la maggior parte della gente sia piuttosto ignorante sull'intero argomento del sesso. Si tratta di un istinto naturale spesso frainteso, svilito o disprezzato dagli ignoranti e da quelli che hanno una mentalità negativa.

Le donne e gli uomini che sono beneficati o, per meglio dire, benedetti dal fatto di possedere una forte carica erotica vengono solitamente guardati con sospetto. Invece di ammirarli, li si maledice.

Milioni di persone sviluppano tutt'oggi complessi di inferiorità a causa dell'errata concezione secondo cui avere un erotismo accentuato è una maledizione. Questo comunque non vuol essere una giustificazione per il libertinaggio. L'emozione sessuale è una virtù solo se usata con intelligenza e con discernimento. La si può adoperare male, come spesso accade, al punto da renderla degradante per il corpo e la mente.

Una cosa che mi balzò subito evidente studiando i personaggi di successo è il fatto che quasi tutti erano ispirati dall'esempio di una donna. In molti casi, la "donna in questione" era la tipica moglie che se ne sta all'ombra, modesta e umile davanti agli altri. Qualche volta la fonte di ispirazione, la musa, era l'"altra donna", l'amante.

Chiunque sia intelligente sa che l'eccessiva stimolazione mentale con le bevande alcoliche o gli stupefacenti è una forma distruttiva di intemperanza. Non tutti sanno, però, che l'indulgere in attività erotiche può diventare un'abitudine altrettanto nociva per la creatività.

Un uomo ossessionato dal sesso non differisce in nulla da un tossicodipendente! Entrambi hanno perso il controllo delle proprie facoltà razionali e della volontà. Numerosi casi di ipocondria (malattie immaginarie) dipendono da cattive abitudini assunte per ignoranza della vera funzione erotica.

È evidente che il fatto di non saper sublimare il sesso genera, da una parte, svantaggi e, dall'altra parte, impedisce che si accumulino grandi vantaggi.

I fruttuosi anni dopo la quarantina

Mediamente, l'uomo raggiunge le maggiori capacità creative fra i quaranta e i sessanta'anni di età. L'ho osservato analizzando migliaia di donne e uomini di ogni settore lavorativo. Questo è consolante per tutti coloro i quali non riescono a combinare molto prima del quarantesimo compleanno, anzi, di solito si spaventano per l'avvicinarsi della "terza età". In effetti, il decennio più produttivo a livello personale è quello fra i quaranta e i cinquanta. Quindi, ci si dovrebbe avvicinare a quest'età non con timore e tremore, bensì con speranza e sicurezza di riuscire.

Del resto, lo dimostrano gli americani di maggior successo, del passato e del presente. Henry Ford raccolse i primi riconoscimenti dopo i quaranta; Andrew Carnegie li aveva superati da un pezzo quando ricevette la lauta ricompensa per i suoi sforzi. A quell'età, James J. Hill azionava ancora i tasti del telegrafo: le sue imprese finanziarie si concretizzarono molto tempo dopo.

Fra i trenta e i quaranta l'uomo inizia a imparare l'arte di sublimare il sesso. Di solito lo apprende per caso e spesso è inconsapevole del cambiamento avvenuto. Magari si accorge di rendere di più fra i trentacinque e i quarant'anni, però non riesce a collegare questo miglioramento al motivo sotteso. La natura infatti ci spinge ad armonizzare le emozioni del sesso e dell'amore fra i trenta e i quarant'anni, sicché possiamo attingere a queste grandi forze, applicandole congiuntamente come stimolo all'azione.

Attingere alla riserva energetica delle emozioni

In sé, il sesso è un potente incentivo all'azione, ma la sua forza è ciclonica, spesso incontrollabile. Quando l'emozione dell'amore permea e informa quella erotica, ne risultano una calma interiore, un affinamento degli obiettivi, una precisione del giudizio e, in genere, l'equilibrio personale. Chi, arrivato a quarant'anni, non può sottoscrivere e corroborare ciò, deve ritenersi veramente sfortunato.

Spinto dal desiderio di compiacere una donna solo per appagare l'istinto erotico, un uomo è capace di grandi cose, però di solito agisce in maniera distorta, disorganizzata e distruttiva. Gli può capitare di rubare, imbrogliare, perfino di uccidere. Se, invece, la sessualità è pervasa da un amore genuino, lo stesso uomo potrà agire con maggior pulizia, discernimento ed equilibrio.

L'amore, il romanticismo e il sesso sono emozioni in grado di indurre un uomo a raggiungere le vette dell'efficacia personale. L'amore funge da valvola di sicurezza, quella che assicura equilibrio e costruttività. Chi sa ben amalgamare queste tre emozioni può elevarsi al livello dei geni.

Le emozioni sono stati della mente. La natura ci ha dotati di una "chimica mentale" che funziona con princìpi analoghi a quelli della chimica organica. È risaputo che, unendo certi elementi (nessuno in sé dannoso), un chimico può ottenere dei veleni. Lo stesso vale per le emozioni: l'unione di sesso e gelosia, per esempio, può far impazzire l'uomo, trasformandolo in una bestia.

La presenza di emozioni negative nella chimica mentale produce veleni che possono distruggere il senso di giustizia e dell'onestà.

La strada della genialità è lastricata col controllo e l'uso di concezioni avanzate di sesso, amore e romanticismo. In breve, possiamo descrivere il processo di formazione nel modo seguente.

Incoraggiate la presenza di tali emozioni coltivando questo pensiero dominante e scoraggiando la presenza delle emozioni distruttive. La mente si forgia con l'abitudine e prospera coi pensieri *prevalenti* con cui la alimentiamo. Grazie alla forza di volontà, è possibile disincentivare la presenza di alcuni sentimenti e incentivare la presenza di altri. Con uno sforzo di volontà, non è difficile controllare la propria mente. Il controllo è una questione di consuetudine, di tenacia nell'applicazione. Il segreto sta nel capire il processo di sublimazione. Ogniqualvolta la mente si fa dominare da emozioni nocive, è possibile trasformarle in positive cambiando la natura dei nostri pensieri.

Non vi è altra strada verso la genialità, se non quella del volontario impegno personale! Un uomo può avere un grande successo economico o commerciale grazie alla sua grande energia sessuale, ma la storia è gremita di personaggi che, pur conservando altri tratti caratteriali, si sono privati della capacità di mantenere la fortuna accumulata. L'ignoranza di questo punto ha portato alla rovina migliaia di persone, facendo loro perdere la felicità e le ricchezze.

Chi ama genuinamente
non potrà mai perdere del tutto

I ricordi d'amore non sbiadiscono mai: permangono, guidano e continuano a influenzarci anche molto tempo dopo la prima manifestazione dello stimolo. Niente di nuovo sotto il sole. Chiunque abbia amato davvero per una volta sa quali tracce dell'amore restino nel suo cuore. Gli effetti sono così durevoli perché la natura dell'amore è spirituale. L'uomo innamorato che non si sente indotto a compiere grandi imprese è senza speranza, è morto anche se sembra vivo.

Ripensate ai giorni passati e crogiolatevi nel ricordo di un amore vissuto. Vedrete come svaniscono le preoccupazioni attuali! Troverete una via di fuga dalle sgradevolezze della vita e forse la vostra fantasia riuscirà a farvi venire in mente nuove idee, progetti con cui cambiare la condizione materiale o spirituale della vostra esistenza.

Se vi ritenete sfortunati per aver amato invano, scacciate questo pensiero. Chi ha amato davvero non ha mai perso nulla: l'amore è bizzoso e capriccioso, viene quando vuole, finisce senza avvisare nessuno. Accettatelo e godetelo finché lo avete, ma non perdete tempo a rimpiangerlo.

Né l'amore dovrebbe lasciarci delusi, come sa chi comprende la differenza fra amore e sesso. La differenza più grande è che il primo è spirituale, il secondo biologico. Quindi, nessuna esperienza che tocca il cuore umano con una forza spirituale può essere dannosa, se non per ignoranza o gelosia.

Non vi sono dubbi che l'amore sia la più grande esperienza umana: esso ci mette in contatto con l'Intelligenza Infinita. Sotto forma di sesso e romanticismo, ci aiuta a dare la scalata alla creatività. Le emozioni dell'amore, del sesso e del romanticismo sono i lati dell'eterno triangolo su cui si costruisce il genio individuale.

Si tratta di un'emozione dalle infinite sfumature e colorazioni, ma l'amore più intenso e ardente è quello che si mescola al sesso. I matrimoni in cui non vi è affinità ed equilibrio fra sentimenti e sessualità non possono essere felici, tanto meno durare. La felicità matrimoniale abbina l'amore a soddisfacenti rapporti coniugali: solo allora lo stato mentale dei coniugi si avvicina al massimo grado di spiritualità che è possibile sperimentare nella nostra condizione di mortali.

Inoltre, se vi aggiungiamo il romanticismo, si abbattono gli ostacoli fra la mente limitata dell'uomo e l'Intelligenza Infinita. Allora spunta il genio!

Il rapporto coniugale

Ecco una spiegazione che, debitamente compresa, può riportare l'armonia nel caos delle unioni moderne. Le liti coniugali, che spesso assumono la forma di un vero tormento, sono riconducibili alla *carenza di comprensione* della sessualità. I coniugi che contemperano le emozioni di sesso, amore e romanticismo, invece, non sono afflitte da disarmonia.

Fortunate sono le coppie consapevoli del vero rapporto fra le tre emozioni citate. Motivato da tale sacro triangolo, nessun carico di lavoro è per lei oneroso perché qualunque forma di fatica, anche la più infima e materiale, assume la natura spirituale dell'amore da cui è pervasa.

Se una donna permette che suo marito non si interessi più a lei e riprenda a interessarsi alle altre, è perché non ha capito o è indifferente alla commistione equilibrata fra sesso, amore e romanticismo. Ciò naturalmente presuppone l'esistenza di un amore genuino prima del matrimonio. E lo stesso vale per l'uomo che permette alla moglie di provare interesse per altri uomini.

Le coppie sposate litigano spesso su una gran quantità di cose futili. Se analizziamo bene i motivi, si vedrà che la causa vera va ricercata nell'ignoranza del giusto amalgama fra i sentimenti di amore, sesso e romanticismo, o nell'indifferenza verso di essi.

XII

IL SUBCONSCIO

LA CONNESSIONE
Undicesimo passo verso la ricchezza

Il subconscio consta di un campo di coscienza in cui ogni impulso di pensiero che raggiunge la mente attraverso i cinque sensi viene classificato e registrato, e da cui si possono richiamare i pensieri, come se fossero lettere schedate in un archivio.

Esso riceve e archivia impressioni sensoriali o intellettive, a prescindere dalla loro natura. È possibile seminare nel subconscio qualsiasi progetto, pensiero o scopo che si desidera tradurre nel suo equivalente pratico o monetario. Il subconscio agisce obbedendo innanzitutto ai desideri arricchiti coi sentimenti, come la fede.

Mettete in relazione questo concetto con le istruzioni fornite nel secondo capitolo (le sei fasi per trasformare il desiderio in denaro) e coi consigli dati nel capitolo sulla programmazione organizzata: vi accorgerete dell'importanza di questo aspetto del pensiero inconscio.

Il nostro subconscio funziona giorno e notte. Grazie a questo processo ininterrotto, che l'uomo ignora, il subconscio attinge alle forze dell'Intelligenza Infinita per trasformare volontariamente i desideri nel corrispettivo pratico, servendosi sempre dei mezzi più diretti per realizzare tale fine.

Non è possibile controllare *interamente* il subconscio, ma si può trasmettergli in maniera deliberata ogni progetto, desiderio o obiettivo che si vuole tradurre in forma concreta. Rileggete i suggerimenti per usare il subconscio forniti nel quarto capitolo, quello sull'autosuggestione.

È accertato che il subconscio connette la mente limitata dell'uomo con l'Intelligenza Infinita: esso è l'intermediario che ci permette di attingere senza limiti alle forze superiori. Solo nel subconscio avvengono i segreti processi con cui gli impulsi mentali si modificano nel loro equivalente spirituale. La parte inconscia dell'uomo è lo strumento con cui veicolare la preghiera alla fonte capace di esaudirla.

In che modo energizzare il subconscio a scopo creativo

Le possibilità creative del subconscio sono meravigliose e imponderabili, tali da incutere timore e rispetto.

Quando devo trattare questo argomento, sono sempre vessato da un complesso di inferiorità che forse è dovuto al fatto che le conoscenze umane sono ancora purtroppo molto carenti.

Dopo aver accettato la reale esistenza del subconscio e capito le sue possibilità in quanto strumento per tramutare i desideri in obiettivi pratici, afferrerete il significato globale delle istruzioni fornite nel secondo capitolo. Capirete anche perché vi abbia spesso esortato a chiarire i vostri intenti, mettendoli per iscritto per meglio focalizzarli. Comprenderete inoltre la necessità di essere tenaci nell'eseguire le istruzioni.

I tredici princìpi sono gli stimoli per acquisire la capacità di influenzare il subconscio. Se non ci riuscite la prima volta, non fatevi scoraggiare dal fallimento. Ricordate che il subconscio può essere guidato volontariamente *solo mediante le abitudini* (vedi terzo capitolo, con le istruzioni sulla fede e la sicurezza personale). Forse non avete ancora avuto il tempo per imparare a gestire la fiducia personale: siate pazienti, tenete duro.

Fra poco ripeterò frasi già usate nei capitoli terzo e quarto per corroborare i vantaggi offerti dal subconscio. Non dimenticate che esso agisce in modo volontario, *anche se non applicate alcuno sforzo per influire sul suo funzionamento*. Ne consegue che anche i pensieri di paura e di povertà e tutti gli stimoli negativi attivano il subconscio, *a meno* che non riusciate a padroneggiare tali impulsi, alimentandolo con vivande più appetibili.

Il subconscio non è ozioso, non sta con le mani in mano! Se trascurate di seminarvi desideri positivi, si nutrirà dei pensieri che lo raggiungono *a causa della vostra negligenza*. Ci siamo già dilungati sugli impulsi mentali, positivi o negativi, spiegando che accedono continuamente al subconscio, in particolare attraverso le quattro fonti menzionate nell'undicesimo capitolo (Da dove vengono le intuizioni).

156

Per il momento, vi basti ricordare che si vive *giorno per giorno*, in mezzo a ogni genere di impulsi mentali che colpiscono il vostro subconscio senza che ne siate consapevoli. Alcuni impulsi sono costruttivi, altri nocivi. Adesso dovete cercare di escludere l'afflusso dei pensieri negativi e contribuire a influenzare il subconscio con desideri positivi. Essendo in grado di farlo, possedete la chiave che apre la porta del subconscio. Se il vostro controllo è completo, nessun pensiero degradante e pernicioso vi dominerà mai.

Tutto ciò che creiamo inizia sotto forma di impulso mentale: l'uomo non crea nulla se prima non lo concepisce come fattibile nel pensiero. Grazie al concorso dell'immaginazione, tali impulsi sono ordinabili in progetti e programmi organizzati. La fantasia messa sotto regime di controllo può essere impiegata per inventare piani che ci permettono di avere successo nella professione che abbiamo scelto.

Tutti gli impulsi della mente da tradurre nel corrispettivo concreto e volontariamente trapiantati nel subconscio devono transitare dall'immaginazione ed essere arricchiti con la fede. La "commistione" tra fede, progetti e obiettivi da sottoporre al subconscio va fatta solo per mezzo dell'immaginazione creativa.

Da ciò emerge che l'uso volontario del subconscio richiede la coordinazione e l'applicazione di tutti i princìpi del successo.

Fate sì che le emozioni positive lavorino per voi

Il subconscio è maggiormente sensibile all'influsso degli impulsi di pensiero amalgamati ai sentimenti (o emozioni) che a quelli originati dalla nostra razionalità. Si può dimostrare che hanno un effetto sul subconscio solo i pensieri arricchiti dalle emozioni. Tutti sanno che la maggioranza della gente si fa dominare dai sentimenti. Perciò, sarà importante saperne di più sulle emozioni principali. Ne annoveriamo sette fra quelle positive, e sette fra quelle negative. Queste ultime si insinuano *surrettiziamente* nei pensieri e poi raggiungono il subconscio. Le prime, invece, dobbiamo iniettarle grazie all'autosuggestione nei pensieri con cui vogliamo nutrire la parte inconscia. (Rivedi i consigli inseriti nel quarto capitolo).

Queste emozioni, o impulsi sentimentali, sono paragonabili al lievito per un panino perché costituiscono l'elemento operativo che trasforma gli impulsi mentali dallo stato passivo a quello attivo. Ciò spiega il motivo per cui i pensieri mescolati alle emozioni ci spingono all'azione molto prima di quelli elaborati dalla "fredda ragione".

Preparandovi a influire sulla "voce interiore" del subconscio onde trasmetterle il desiderio del denaro, sarà quindi essenziale comprendere bene il metodo di approccio. Dovete parlare il linguaggio di quella voce, altrimenti non vi capirà. La sua lingua è quella emotiva. Segue pertanto un elenco delle sette emozioni positive e negative principali, così opterete per le prime ed eviterete le seconde, controllando il subconscio per fini lodevoli.

LE SETTE EMOZIONI POSITIVE PRINCIPALI

Emozione del desiderio
Emozione della fede
Emozione dell'amore
Emozione del sesso
Emozione dell'entusiasmo
Emozione del romanticismo
Emozione della speranza

Ce ne sono altre, ma queste sono le più utili e potenti per la creatività. Sappiatele gestire (solo l'uso vi permetterà di farlo) e, se ne avrete bisogno, possiederete anche gli altri sentimenti positivi. Nell'ottica di questo libro, ricordate inoltre che, *nutrendo la mente di emozioni positive*, volete sviluppare la "consapevolezza del denaro".

LE SETTE EMOZIONI NEGATIVE PRINCIPALI (*DA EVITARE*)

Emozione della paura
Emozione della gelosia
Emozione dell'odio
Emozione della vendetta
Emozione dell'avidità
Emozione della superstizione
Emozione della collera

Le emozioni positive e quelle negative non possono occupare la mente nello stesso tempo. Devono prevalere le prime o le seconde. Spetta a noi far sì che prevalgano i sentimenti produttivi. A questo punto, sono le abitudini che ci aiutano: alla lunga, quelle sane influiscono sulla mentalità. *Abituatevi* a usare le emozioni positive! Col tempo, prevarranno nella vostra mente in modo così completo che quelle nocive *non potranno entrarci.*

Solo applicando indefessamente e con precisione queste istruzioni conquisterete il controllo sul subconscio. La presenza di un unico sentimento negativo nella coscienza è sufficiente per *rovinare e distruggere* ogni possibilità di aiuto costruttivo dalla parte inconscia.

Il segreto della preghiera efficace

Vi sarete accorti che molte persone ricorrono alla preghiera solo dopo aver provato di tutto e fallito! Oppure farfugliano ritualmente una serie di parole di cui non sanno il significato. Siccome per loro è l'ultima risorsa, pregano con la mente piena di paure e dubbi, *le emozioni a cui è più sensibile il subconscio*, che provvede a girarle subito all'Intelligenza Infinita. Questa agirà pertanto in base a tali preoccupazioni.

Se invocate una cosa col timore di non essere esauditi, o che l'Intelligenza Infinita non possa cogliere le vostre migliori intenzioni, pregherete *invano.*

Ciononostante, la preghiera conduce effettivamente alla realizzazione del desiderio. Se vi è mai capitato di essere esauditi, ripensate alla condizione mentale in cui vi trovavate e saprete con sicurezza che quanto sto esponendo non è una pura teoria.

Chiunque può desiderare
le ricchezze,
e lo fa molta gente,
ma solo alcuni sanno
che un piano preciso
unito al desiderio ardente
di arricchirsi
è l'unico mezzo affidabile
per accumularle

XIII

IL CERVELLO

LA STAZIONE DI RICEZIONE E TRASMISSIONE
DEL PENSIERO
Dodicesimo passo verso la ricchezza

Anni fa, mentre collaboravo con Alexander Graham Bell e Elmer R. Gates, osservai che il cervello umano è una stazione di ricezione e trasmissione delle vibrazioni di pensiero. Grazie a un principio simile a quello usato dalla radio, il cervello dell'uomo è capace di captare le vibrazioni di pensiero emesse dagli altri cervelli.

Ora confrontate questa nozione con la descrizione della creatività delineata nel sesto capitolo. L'immaginazione creativa è l'apparecchio ricevente del cervello, quello che capta i pensieri emessi dalla mente altrui. È lo strumento di comunicazione fra la propria coscienza, o mente logica, e le fonti da cui si possono ricevere gli stimoli intellettuali.

Stimolata, o accelerata nel suo ritmo vibrazionale, la mente diventa più ricettiva ai pensieri provenienti dalle fonti esterne. Il processo di accelerazione è favorito dalle emozioni positive, o da quelle negative. Grazie ai sentimenti, si possono aumentare le vibrazioni di pensiero.

La sessualità capeggia la lista delle emozioni umane più forti e intense. Il cervello stimolato da tale emozione funziona a un ritmo più veloce rispetto a quando la sessualità è assente o latente.

L'esito della trasmutazione sessuale è l'incremento di intensità dell'elaborazione intellettuale, così che la creatività diventi ricettiva alle idee. Inoltre, quando il cervello funziona rapidamente, non attira soltanto le idee trasmesse dagli altri, ma riveste i pensieri dei sentimenti essenziali affinché vengano captati dal proprio subconscio.

Il subconscio è la "stazione di emissione" del cervello, ovvero quella che trasmette le vibrazioni del pensiero. L'immaginazione creativa è

l'"apparecchio ricevente" per mezzo del quale vengono captate le ene
gie dei pensieri altrui.

Agli importanti fattori del subconscio e dell'immaginazione creat
va (apparecchi di ricezione e trasmissione del nostro macchinario mer
tale), aggiungete il principio di autosuggestione, che è lo strumento co
cui si attiva la stazione di diffusione.

Rileggete le istruzioni del quarto capitolo per rinfrescare la memo
ria sul metodo con cui trasformare il desiderio ardente nel suo corr
spettivo monetario.

L'opera di diffusione della stazione mentale avviene tramite una pro
cedura relativamente semplice. Basta ricordare tre princìpi e applica
li: il subconscio, l'immaginazione creativa e l'autosuggestione. Abbi
mo già descritto gli stimoli per attivarli; non dimenticate inoltre che tu
ta la procedura prende avvio dal desiderio ardente.

Le forze maggiori sono intangibili

Nelle ere passate l'uomo dipendeva troppo dai sensi e dalla fisicit
confinando le sue conoscenze alle cose pratiche che poteva vedere, toc
care, soppesare e misurare.

Stiamo entrando in un nuovo, meraviglioso periodo storico, in cu
impareremo qualcosa circa le forze immateriali del mondo. Ciò facen
do, ci accorgeremo forse che l'altro "io" è più potente di quello con
creto che vediamo allo specchio.

A volte gli uomini sottovalutano le forze intangibili, le cose che no
riescono a percepire coi cinque sensi, mentre invece dovrebbero tene
re sempre in mente che *siamo tutti controllati da energie invisibili e im
materiali.*

L'umanità intera non può controllare o arginare la forza delle ond
oceaniche; l'uomo non può capire da dove proviene la forza di gravit
che tiene sospesa la piccola terra nel grande spazio (e gli impedisce d
caderci), figuriamoci se possa dominarla. L'essere umano è interamen
te in balìa della forza invisibile che causa le tempeste e l'elettricità.

Peraltro, l'ignoranza dell'uomo non ha niente a che vedere coi fin
di queste cose immateriali. Egli non capisce l'intelligenza contenuta ne
nucleo della terra, *la forza che gli fornisce ogni boccone che ingerisce
ogni vestito che indossa, ogni soldo che ha in tasca.*

La drammatica storia del cervello

Ultima considerazione, ma non per importanza: l'uomo con tutta la sua cultura non comprende ancora tutto della forza più potente e impalpabile, quella del *pensiero*. Hanno scoperto che nel quadro di comando del nostro cervello le linee di collegamento che uniscono fra loro le varie cellule raggiungono un numero con quindici milioni di cifre.

«La cifra è incredibile», sostiene C. Judson Herrick, docente all'università di Chicago; «a paragone, il numero astronomico con cui esprimiamo le centinaia di milioni di anni luce appare insignificante... Si calcola che nella corteccia cerebrale esistano da dieci a quattordici miliardi di cellule nervose, e sappiamo che sono tutte disposte secondo precisi modelli d'ordine. Nulla è casuale, tutto è ordinato. I moderni metodi di elettrofisiologia trattengono le correnti d'azione di cellule ben localizzate (fibre con micro elettrodi), le amplificano con tubi elettronici e registrano differenze di potenziale fino a un milione di volt».

Non è ipotizzabile che questa intricata rete di connessioni esista solo per eseguire le funzioni fisiche dell'accrescimento e della conservazione del corpo. Appare invece probabile che lo stesso complicato sistema, che dà ai miliardi di cellule cerebrali il mezzo per comunicare fra gli uomini, sia anche lo strumento per comunicare con le forze immateriali!

Sul *New York Times* è stato pubblicato un editoriale in cui si dimostra che perlomeno una grande università e un importante ricercatore nel campo dei fenomeni mentali confermano quanto sostengo in questo e nel prossimo capitolo. Nell'editoriale, si esponevano e analizzavano gli esperimenti condotti da J.B. Rhine e i suoi colleghi della Duke University. Mi accingo a riportarlo.

Cos'è la "telepatia"?

Un mese fa abbiamo citato in questa stessa pagina culturale i ragguardevoli risultati raggiunti dal professor Rhine e dai suoi colleghi della Duke University nel tentativo, eseguito con più di centomila esperimenti di laboratorio, di determinare l'esistenza della "telepatia" o "chiaroveggenza". I risultati sono stati riassunti nei primi due articoli apparsi su *Harper's Magazine*. Nel secondo, pubblicato pochi giorni fa, l'autore, E.H. Wright, compendia le cognizioni acquisite, o ciò che sembra ragionevole inferire, a proposito dell'esatta natura delle percezion "extrasensoriali".

In seguito agli esperimenti di Rhine, gli scienziati ritengono assai pro babile l'esistenza di telepatia e chiaroveggenza. A certi soggetti parti colarmente dotati a livello di percezione venne chiesto di individuar un certo numero di carte di un mazzo, senza guardarle e senza poter vi accedere altrimenti coi sensi. Una ventina di donne e uomini son stati in grado di identificarne regolarmente e correttamente un cert numero e «non c'era una possibilità su milioni di milioni che ci fosse ro riusciti per caso o per fortuna».

Ma come hanno fatto? Si tratta di poteri che, ammesso che esista no, appaiono indipendenti dai sensi. Non hanno un organo di espres sione. Gli esperimenti offrivano risultati apprezzabili sia quando eran eseguiti in un locale sia a distanza di parecchi chilometri. Inoltre, se condo Wright, questi fatti confutano il tentativo di spiegare la telepa tia o la chiaroveggenza per mezzo della teoria fisica di irradiazione. Tut te le forme note di energia raggiante diminuiscono in proporzione in versa al quadrato della distanza coperta. Telepatia e chiaroveggenza no rientrano in questa teoria, però variano per cause fisiche, come fann i nostri altri poteri mentali. Diversamente dall'opinione invalsa, esse no migliorano quando il percettore è addormentato o in stato di semive glia, ma se è del tutto sveglio e attento. Rhine ha scoperto che i sog getti drogati con sostanze narcotiche hanno una soglia di percezion inferiore, mentre quelli che assumevano stimolanti la innalzavano. Sem bra inoltre che i soggetti migliori ottenessero i risultati sperati solo s si sforzavano di rendere al massimo.

Wright conclude il suo articolo asserendo che telepatia e chiaro veggenza sono simili, anzi, sono lo stesso dono. Ciò equivale a dire ch la facoltà che permette di "vedere" una carta attraverso il dorso sem bra la stessa che permette di "leggere" il pensiero all'interno della men te di un altro uomo. Questo si è dimostrato in vario modo: per esem pio, chi possiede uno dei due talenti di solito ha anche l'altro. Inoltre quando convivono, i due talenti si esprimono quasi esattamente con l stessa forza ed efficacia. Le pareti, le schermature e la distanza non in fluiscono affatto su di loro. Da ciò Wright desume che le altre "intui zioni", che assumono la forma di percezioni extra-sensoriali, sogni pro fetici, premonizioni di disastri, e simili, potrebbero appartenere alla me desima facoltà percettiva. Non chiediamo ai lettori di accettare tutt queste conclusioni a scatola chiusa, ma le prove accumulate da Rhine appaiono impressionanti.

Come attivare il lavoro mentale di gruppo

Alla luce delle condizioni mentali stabilite da Rhine per le percezioni extrasensoriali, ho il privilegio di accludere la mia collaborazione professionale con vari colleghi come testimonianza per stabilire le condizioni ideali onde stimolare a livello pratico la mente umana col sesto senso, di cui leggerete nel prossimo capitolo.

Le condizioni a cui mi riferisco sono la stretta alleanza coi membri del mio gruppo di lavoro. La sperimentazione pratica ci ha fatto scoprire come motivarci (dopo opportuno processo di fusione delle nostre tre menti e grazie al concetto dei "Consiglieri Invisibili", di cui al prossimo capitolo) per trovare la soluzione a un gran numero di problemi personali che ci sottoponevano i nostri clienti.

La procedura è semplice. Ci sediamo attorno a un tavolo, definiamo la natura del problema da risolvere e poi lo svisceriamo. Ognuno contribuisce esponendo qualsiasi pensiero gli venga in mente. La cosa strana di questo metodo di stimolazione è che ciascun partecipante viene messo in contatto con fonti ignote di conoscenza, decisamente estranee alla sua esperienza.

Se avete capito il principio descritto nel decimo capitolo, riconoscerete in queste sedute attorno a un tavolo l'applicazione pratica dell'alleanza di cervelli.

Questo metodo di stimolazione mentale per mezzo dello scambio di idee su determinati argomenti fra tre persone è una chiara illustrazione di come operi in senso concreto l'alleanza di cervelli.

Comportandosi analogamente, ogni lettore interessato a tale filosofia può appropriarsi della celebre formula di Carnegie presentata nella Premessa. Se ancora non vi dice nulla, rileggete questa pagina dopo aver finito l'ultimo capitolo.

SULL'ULTIMO PIOLO, LA SCALA DEL SUCCESSO NON È MAI AFFOLLATA

XIV

IL SESTO SENSO

L'ACCESSO AL TEMPIO DELLA SAGGEZZA
Tredicesimo passo verso la ricchezza

Il tredicesimo principio, noto come sesto senso, permette all'Intelligenza Infinita di comunicare con l'individuo senza che questi si debba sforzare o debba formulare particolari richieste.

Questo principio è la vetta della filosofia qui divulgata. Lo si può capire, assimilare e applicare solo dopo aver raggiunto la padronanza dei precedenti dodici princìpi.

Il sesto senso è la parte di subconscio a cui abbiamo fatto riferimento come immaginazione creativa, oppure come "apparecchio di ricezione" con cui intuiamo le idee, i progetti e i pensieri. È l'ispirazione, altre volte detta intuizione.

Tuttavia, il sesto senso elude le definizioni! Non lo si può spiegare alle persone incapaci di gestire gli altri dodici princìpi, visto che non hanno esperienza di ciò a cui esso può essere paragonato. Solo la meditazione *interiore* di una mente progredita permette di capirlo.

Allora, padroni degli altri princìpi, sarete pronti a prendere per buona quest'affermazione che altrimenti riterreste incredibile: grazie al sesto senso, percepirete i pericoli imminenti e potrete evitarli, intuendo inoltre in anticipo le occasioni, così da coglierle al volo.

In vostro soccorso e su vostra richiesta, il sesto senso farà appello all'"angelo custode" che vi aprirà sempre la porta che dà accesso al tempio della saggezza.

I miracoli del sesto senso

Il sesto senso è la cosa più vicina al miracolo che abbia mai esperito.

In questo credo: che esista una potenza, una Prima Causa, un'Intelligenza che pervade ogni atomo della materia e ingloba ogni particella di energia percepibile dall'uomo.

Vi ho condotti passo dopo passo, nei precedenti capitoli, fino a que sto supremo principio. Se siete già provetti nel resto, potete accettar *senza scetticismo* le meravigliose affermazioni che avanzerò fra poco. I caso contrario, rileggete tutto il libro, altrimenti non potrete stabilir se le mie affermazioni sono fatti veri o pura fantasia.

Nel periodo in cui adoravo gli "eroi", cercavo di emulare le perso ne che più ammiravo. Così, scoprii che era l'elemento della fede a dar mi la possibilità di riuscire a imitarle.

Modellate la vostra vita sull'esempio dei grandi uomini

Ammetto di non essermi mai disabituato a venerare i miei eroi. L'e sperienza mi ha fatto capire che, se non è possibile essere come loro il meglio che si può fare è imitarli, nei sentimenti e nelle azioni.

Molto prima di scrivere per farmi pubblicare dagli editori o di pre parare discorsi da leggere davanti al pubblico, per la formazione del mi carattere cercavo di ispirarmi ai nove uomini le cui opere mi sembrava no degne di maggior rispetto. Per me erano veri idoli: Emerson, Paine Edison, Darwin, Lincoln, Burbank, Napoleone, Ford e Carnegie. Per lun ghi anni intrattenni tutte le notti un'immaginaria riunione con quest gruppo di personaggi che avevo definito i miei "Consiglieri Invisibili".

Procedevo così: poco prima di coricarmi chiudevo gli occhi e im maginavo questi uomini seduti con me attorno a un tavolo. Non sol avevo l'occasione di confrontarmi con loro, ma assumevo la posizion dominante nel gruppo, ne ero il presidente.

Il mio scopo era preciso: indulgere in questa fantasia delle riunio ni notturne. Così avrei rimodellato il mio carattere, coltivando col tem po una personalità composita, la risultante della mediazione dell'in dole dei miei consiglieri. Da piccolo, ero infatti consapevole che, es sendo nato in un ambiente oppresso da ignoranza e superstizione avrei dovuto pormi l'obiettivo di rinascere, di rimodellare il mio ca rattere col metodo citato.

Formarsi il carattere con l'autosuggestione

Sapevo infatti che tutti diventiamo ciò che siamo a causa dei pen sieri e dei desideri che coltiviamo. Sapevo che ogni desiderio radicat induce la persona che lo prova a cercare di esprimerlo e di trasformarlo in realtà fisica. L'autosuggestione è un metodo efficace per la formazione del carattere personale, anzi, l'unico principio con cui si costruisce un vero carattere.

Consapevole di come funziona la mente, mi ritenevo ben equipaggiato per rimodulare la mia personalità. Durante le riunioni immaginarie, mi rivolgevo ai miei ispiratori chiedendo a ciascuno di loro di offrire un contributo. Parlavo a voce alta e dicevo:

«Emerson, desidererei acquisire la sua stessa meravigliosa comprensione della natura per cui si è tanto distinto. Le chiedo di imprimere nel mio subconscio le qualità da lei possedute, quelle che le hanno permesso di capire e adattarsi alle leggi di natura.

«Burbank, le chiedo di trasferire in me le cognizioni che le hanno permesso di armonizzarsi così bene con le leggi naturali, quelle con cui ha fatto perdere le spine ai cactus, rendendoli commestibili. Mi faccia accedere alla conoscenza che le ha consentito di far crescere due fili d'erba dove in precedenza ne cresceva solo uno.

«Napoleone, imitandola vorrei acquisire la sua meravigliosa capacità di ispirare gli uomini e incitarli a compiere grandi imprese. Vorrei anche avere la sua stessa fede e determinazione, lo spirito che le ha permesso di trasformare le sconfitte in vittorie e di sormontare straordinari ostacoli.

«Paine, desidero acquisire la sua libertà intellettuale, il coraggio e la chiarezza con cui esprimeva le convinzioni per cui si è distinto!

«Darwin, vorrei imparare la sua meravigliosa pazienza e la capacità di studiare le cause e gli effetti senza pregiudizi, obiettivamente, come ha dimostrato nel campo delle scienze naturali.

«Lincoln, vorrei formare il mio carattere sull'esempio del suo acuto senso di giustizia, sull'indomito spirito di pazienza, sul senso dell'umorismo, sulla comprensione umana e sulla tolleranza che sono stati le sue caratteristiche principali.

«Carnegie, desidero intensamente capire bene i princìpi della *programmazione organizzata* che ha usato in modo tanto efficace per la fondazione della sua enorme impresa industriale.

«Ford, vorrei acquisire la sua tenacia, la determinazione, la fermezza e l'equilibrio con cui è riuscito a sconfiggere la povertà, a organizzare, unificare e semplificare gli sforzi umani, così che io possa aiutare gli altri a seguire questa falsariga.

«Edison, vorrei acquisire la sua meravigliosa fede che le ha permesso di scoprire tanti segreti della natura, il suo indomito spirito di determinazione con cui ha spesso strappato vittorie dove c'era il fallimento».

Lo straordinario potere dell'immaginazione

I metodi con cui mi rivolgevo ai miei eroi potevano variare a seconda del tratto caratteriale a cui ero maggiormente interessato in un certo periodo. Così, approfondivo sempre più lo studio della loro biografia, anche a costo di immani fatiche. Dopo mesi di ricerche notturne, fui stupito dalla scoperta di aver reso quasi *reali* tali figure e personaggi del passato.

Con mio grande stupore, ognuno di loro assumeva peculiari caratteristiche individuali: Lincoln, per esempio, prendeva l'abitudine di arrivare in ritardo per pavoneggiarsi di fronte agli altri. Adottava sempre un contegno serioso e non lo vedevo mai sorridere.

È la prima volta che ho il coraggio di rivelare queste riunioni: in precedenza, tacevo perché la mia determinazione in queste attività mi faceva temere di essere frainteso e ridicolizzato. Oggi sono sicuro di poterle pubblicare poiché, rispetto a qualche tempo addietro, mi preoccupo molto meno di quello che "diranno gli altri".

Per non essere interpretato male, comunque, ribadisco che considero puramente fantasiose le riunioni coi miei eroi; tuttavia, anche se restano fittizi per molti aspetti, sono stati loro a guidarmi lungo i sentieri del coraggio, a riaccendere il mio entusiasmo per le grandi imprese, a spronarmi negli sforzi creativi, a rendermi audace nell'espressione della mia volontà.

Attingere alle fonti di ispirazione

Nella struttura cellulare del cervello è localizzato un organo che capta le vibrazioni di pensiero solitamente definite "intuizioni". La scienza non è stata ancora capace di scoprire dove si situi questo organo del sesto senso, ma ciò non ha alcun rilievo. Resta il fatto che gli uomini ricevono conoscenze accurate da una fonte che non ha nulla a che vedere coi normali cinque sensi. In genere, la mente riceve queste cognizioni quando è sotto l'influsso di grandi stimoli.

Qualsiasi situazione eccezionale che risvegli le emozioni e faccia battere il cuore più rapidamente del normale può attivare il sesto senso.

Chiunque sia stato sul punto di incorrere in un incidente automobilistico sa che in tali occasioni si attiva il sesto senso per portare soccorso: in meno di un secondo ci permette di evitare l'incidente.

Lo dico solo per enunciare la convinzione che, durante le riunioni con i miei "Consiglieri Invisibili", la mia mente diventava ricettiva alle idee, ai pensieri e alle conoscenze che colpivano il mio sesto senso.

Tante volte, quando mi trovavo in situazioni di emergenza, alcune delle quali così gravi da mettermi in pericolo di vita, sono stato miracolosamente salvato grazie all'influenza dei "Consiglieri Invisibili".

All'inizio mi dedicavo alle riunioni immaginarie solo per impressionare e preparare il subconscio con l'autosuggestione, così da acquisire certe caratteristiche personali. Negli anni più recenti, il mio esperimento ha assunto tendenze diverse.

Ora mi rivolgo ai consiglieri immaginari ogniqualvolta devo affrontare un problema con un cliente. I risultati sono eccezionali, anche se devo ammettere che non dipendo sempre del tutto da questo tipo di consigli.

Una grande potenza che cresce con lentezza

Il sesto senso non è una cosa che si può attivare o disattivare con facilità. Si impara a usarlo col tempo, lentamente, specie applicando gli altri princìpi delineati in questo libro.

A prescindere dalla vostra identità o dai vostri obiettivi, potete estrapolare il meglio da questo volume anche senza capire come funziona il sesto senso. Ciò è ancor più vero se siete interessati all'arricchimento personale o ad accumulare altre cose materiali.

Ho incluso anche questo capitolo per motivi di completezza, per esporre fino in fondo la filosofia con cui è possibile dirigersi senza esitazioni verso la realizzazione di qualsiasi traguardo.

L'esordio di ogni realizzazione è il desiderio ardente. Il punto d'arrivo è il tipo di conoscenza che conduce alla comprensione: di sé, degli altri, delle leggi di natura e della felicità.

Questo tipo di comprensione raggiunge la sua maturità solo familiarizzandosi col sesto senso, e sfruttandolo.

Leggendo queste ultime pagine vi sarete accorti di esservi elevati a superiori livelli di stimolazione mentale. Splendido! Tornate a questo capitolo fra un mese e vedrete che la vostra mente sarà stimolata an-

cora di più. Ripetete l'esperienza di tanto in tanto, senza preoccuparv
di quanto imparate ogni volta, e alla fine vi renderete conto di posse
dere una forza che vi consente di sbarazzarvi della depressione, di ge
stire le paure, di smettere di differire e di attingere liberamente all'im
maginazione.

Allora, sarete sfiorati da quel "qualcosa" che informa lo spirito d
tutti i grandi pensatori, artisti, musicisti, scrittori, statisti e veri leader
Così, potrete tramutare i vostri desideri nella controparte fisica e fi
nanziaria altrettanto facilmente di quanto eravate abituati a rinunciare
alle prime difficoltà.

XV

I SEI SPETTRI DELLA PAURA

Leggendo queste ultime pagine,
stilate un inventario di voi stessi
per scoprire da quanti "fantasmi" siete ossessionati

Prima di poter sfruttare questa filosofia del successo, occorre che la vostra mente sia preparata per assimilarla. Non è difficile farlo. Studiate, analizzate e comprendete i tre nemici che dovete eliminare: paure, dubbi e indecisioni.

Il sesto senso non funzionerà mai se questi tre fattori negativi, o uno solo di essi, occupano la vostra mente. D'altronde, i membri di questo pernicioso trio sono interconnessi: dove ce n'è uno, gli altri due seguono a ruota.

L'indecisione è il germe della paura! Ricordatelo: l'indecisione si cristallizza nel dubbio, la coppia si fonde e assume i connotati del timore! Il processo di "fusione" è lento: ecco perché questi tre nemici sono tanto pericolosi. *Germinano e crescono senza che se ne noti la presenza.*

Nel resto del capitolo delineerò i vari aspetti che assume la paura, dopo di che, avendola sconfitta, potrete applicare la filosofia del successo. Esaminerò questa condizione della mente che ha ridotto in povertà un gran numero di persone, riaffermando una verità che devono comprendere tutti coloro che vogliono accumulare ricchezze, sia in termini monetari sia a livello psicologico.

Perciò, mi accingo a illuminare la causa e la cura delle sei paure fondamentali. Prima di dominare un nemico se ne deve conoscere il nome, le sue abitudini e la sua residenza. Leggendo, analizzatevi bene, stabilite quali delle sei paure basilari si sono abbarbicate alla vostra personalità.

Non fatevi ingannare dai raggiri di questi nemici sottili e subdoli. A volte essi restano nel subconscio in stato di latenza, perciò risulta dif ficile individuarli e ancor più arduo eliminarli.

Le sei paure basilari

Quelle fondamentali sono sei: ciascun essere umano soffre di una o dell'altra, talvolta di una loro combinazione. C'è anche chi si ritiene for tunato per non possederle tutte. Nell'ordine della loro maggiore diffu sione, esse sono:

Paura della povertà ⎫
Paura delle critiche ⎬ alla radice
Paura delle malattie ⎭ delle preoccupazioni personali

Paura di perdere l'amore di una persona
Paura della vecchiaia
Paura della morte

Tutti gli altri nostri timori sono di importanza secondaria e comun que è possibile ricomprenderli nelle sei paure fondamentali.

Le paure non sono altro che condizioni mentali. Gli stati della men te sono soggetti al controllo, cioè possiamo dominarli.

L'uomo non può creare nulla se in precedenza non lo concepisce sotto forma di impulso intellettuale. Da ciò consegue una cosa ancor più importante: i pensieri, volontari o involontari, cominciano a tradursi subito nel loro equivalente concreto. I pensieri captati per caso (quel li emessi da altre menti) possono determinare il nostro destino finan ziario, professionale o sociale come gli impulsi mentali che elaboriamo con deliberata intenzione.

Sto cercando di preparare il terreno per spiegare un fenomeno di gran rilievo: alcuni appaiono "fortunati", mentre altre persone con maggior capacità, istruzione ed esperienza sembrano destinate a nuotare nei guai. Il fatto è che *ogni essere umano può controllare la sua mente*: tale con trollo ci permette di aprirla ai pensieri vaganti emessi da altri cervelli, op pure di chiuderla per ammettere solo gli impulsi mentali preferiti.

La natura ha concesso all'uomo il controllo assoluto su un'unica cosa: il pensiero. Aggiungendo che tutto quanto creiamo ha inizio in forma di pensiero, ci siamo avvicinati al principio per padroneggiare la paura.

Se è vero che ogni pensiero ha la tendenza a rivestirsi del suo equivalento fisico (e su questo non vi sono dubbi), è altrettanto vero che gli impulsi mentali di paura e povertà non possono essere trasformati in coraggio e ricchezza.

La paura della povertà

Non ci può essere compromesso fra povertà e ricchezza! Sono due strade che puntano verso direzioni opposte. Se volete arricchirvi, dovete rifiutare qualsiasi circostanza che possa condurre all'indigenza. (Qui, intendo arricchimento nel senso più ampio, ovvero finanziario, spirituale, mentale e materiale). L'inizio della via che porta alla ricchezza è il desiderio. Nel secondo capitolo avete le istruzioni per un buon uso del desiderio, in questo vi darò istruzioni per preparare la mente a servirvene dopo aver sconfitto la paura.

Ora è il momento di cogliere la sfida per stabilire quanta parte di questa filosofia avete già assimilato. Ormai potete trasformarvi in profeti e prevedere cosa riserva per voi il futuro. Se dopo aver finito questo capitolo vorrete accettare la povertà, sarete liberi di farlo. La decisione spetta a voi.

Se invece volete l'opulenza, stabilite quale forma vi garba di più e che quantità possa appagarvi meglio. Conoscete la strada dell'arricchimento. Vi ho presentato la mappa e, se la seguirete, non perderete l'orientamento. Se non cominciate neppure o vi fermate prima di arrivare, la colpa e la responsabilità saranno soltanto vostre. Nessuna scusa è valida per scansare questa responsabilità, perché vi si chiede solo un atto: il controllo dello stato mentale (fra l'altro, l'unica cosa controllabile). Lo stato mentale è qualcosa che si assume, non lo si può acquistare, dobbiamo crearlo.

La paura più distruttiva

La paura della povertà è una condizione della mente, nient'altro! Eppure, è sufficiente per distruggere le possibilità di riuscita in qualsiasi impresa.

Questo timore paralizza la facoltà della ragione, distrugge l'immaginazione, uccide la sicurezza di sé, mina alla base l'entusiasmo, scoraggia le iniziative, conduce all'indecisione, incoraggia l'abitudine a rinviare e rende impossibile l'autocontrollo. Toglie fascino al carattere personale, elimina la possibilità di riflettere con cura, non facilita la concentrazione degli sforzi, affievolisce la tenacia, annulla la forza di volontà, distrugge le ambizioni, offusca la memoria e attira i fallimenti. Attenua l'amore e uccide i sentimenti più delicati, scoraggia le amicizie e prepara le disgrazie sotto ogni forma, favorisce l'insonnia, la tristezza e l'infelicità. Tutto questo lo fa nonostante viviamo in un mondo di abbondanza di ogni cosa che possa desiderare il nostro cuore, senza ostacoli sul cammino della realizzazione, tranne la mancanza di un obiettivo preciso.

La paura della povertà è senza dubbio la più distruttiva. L'ho messa in cima alle paure fondamentali perché è anche la più difficile da gestire e superare. Questo timore nasce dalla nostra tendenza ereditaria a depredare economicamente il prossimo. Quasi tutti gli animali inferiori sono guidati dall'istinto ma, avendo una "limitata" capacità di pensiero, si depredano a livello corporeo. L'intuito superiore dell'uomo, di cui fa parte la capacità logica del ragionamento, non ci spinge a mangiare i nostri simili, ma a provare maggior piacere nel "divorarli" in senso finanziario. L'uomo è talmente avido che sono state promulgate migliaia di leggi per difenderlo dai suoi fratelli.

Non vi è nulla, infatti, che ci faccia soffrire più dell'umiliazione della povertà! Solo chi è stato povero comprende il profondo significato di questa frase.

Perciò, è normale che l'uomo la tema: un lungo retaggio di esperienze storiche ci ha insegnato che gli altri uomini non sono affidabili, perlomeno in relazione a questioni di denaro e di beni materiali.

Siamo così avidi di acquisire ricchezze che ci disponiamo a farlo qualsiasi maniera (se possibile, con metodi legali, oppure con altri metodi, se necessario o opportuno).

L'analisi personale svela difetti che spesso non ci piace ammettere. Del resto, questa forma di autoanalisi è essenziale se dalla vita vogliamo qualcosa di diverso dalla mediocrità e dalla povertà. Esaminandovi punto per punto, ricordate che siete allo stesso tempo la corte e la giuria, il pubblico ministero e l'avvocato difensore, l'accusatore e l'accusato, e che il processo è in corso. Affrontate i fatti con coraggio. P netevi domande precise e pretendete risposte dirette. Alla fine, ne saprete di più su voi stessi. Se pensate di non essere all'altezza per fungere da giudice imparziale, chiedete la supervisione di qualcuno che vi conosce bene. In fondo, cercate la verità: *siate onesti, anche se vi dovesse costare un certo imbarazzo.*

Domandate alla gente di cosa abbia paura e la maggioranza risponderà: «Non temo nulla». Risposta imprecisa, perché pochi si rendono conto di essere svantaggiati, atrofizzati o paralizzati a livello fisico e spirituale da una forma di timore. Le apprensioni individuali sono talmente radicate che c'è chi passa una vita d'inferno senza accorgersene. Solo una leale autoanalisi ne svelerà la presenza. Cominciate dal carattere. Ecco un elenco dei sintomi a cui dovreste prestare attenzione.

I sintomi della paura della povertà

Indifferenza. Di solito si esprime nella mancanza di ambizioni, nella disponibilità a sopportare l'indigenza, nell'accettazione di ciò che offre la vita senza protestare, nella pigrizia mentale e fisica, nella carenza di iniziativa, di immaginazione, di entusiasmo e di autocontrollo.

Indecisione. L'abitudine di permettere che siano gli altri a decidere per noi. Il rimanere "alla finestra".

Dubbio. Si esprime generalmente con alibi e pretesti per negare, giustificare o scusare i propri insuccessi; altre volte assume la forma dell'invidia per quelli che hanno successo, o della critica feroce nei loro confronti.

Preoccupazioni. Di solito si manifesta nel dare la colpa agli altri, nello spendere più di quanto si guadagna, nel trascurare l'aspetto personale, nell'essere corrucciati e diffidenti, nell'abuso di alcolici, talora di stupefacenti; nel nervosismo, nella mancanza di equilibrio e consapevolezza di sé.

Cautela eccessiva. L'abitudine di cercare il lato negativo in ogni situazione, il prefigurare e il parlare dei possibili fallimenti, invece di concentrarsi sui mezzi per riuscire. Conoscere tutte le strade che portano alla disgrazia, senza mai progettare piani per evitarla. Aspettare il "tempo giusto" per iniziare ad agire, a realizzare i progetti, finché l'attesa diventa un'abitudine inveterata. Ricordare chi ha fallito e dimenticare chi ha avuto successo. Vedere il difetto e trascurare il pregio di una cosa. Il pessimismo, che favorisce l'indigestione, l'evacuazione difficile, l'intossicazione, l'alito puzzolente e il cattivo umore.

Rimandare. L'abitudine di differire a domani quello che si sarebbe dovuto fare l'anno scorso. Perdere tempo a trovare scuse per non aver fatto il lavoro. Questo sintomo è connesso con la cautela eccessiva, col dubbio e le preoccupazioni. Il rifiuto di accettare le responsabilità ogni volta che sia possibile. La disponibilità a fare accordi invece di affrontare le situazioni a muso duro. Fare compromessi con le difficoltà, anziché usarle come pietra miliare per il miglioramento. Scendere a patti con la vita per un centesimo, invece di pretendere prosperità, benessere, opulenza, contentezza e felicità. Pensare a cosa fare solo dopo aver fallito, invece di tagliare tutti i ponti e rendere impossibile il tornare sui propri passi. Scarsa fiducia in sé o assenza totale di sicurezza, di chiarezza di intenti, autocontrollo, iniziativa, entusiasmo, ambizione, oculatezza e sana logica. Aspettarsi la povertà piuttosto che volersi arricchire. Accompagnarsi con quelli che accettano la povertà piuttosto che cercare la compagnia di quelli che ambiscono a diventare ricchi.

Il denaro parla!

Alcuni potrebbero dire: «Perché scrivere un libro sui soldi? Perché misurare le ricchezze in questo modo?» È vero, esistono forme di ricchezza che non si possono misurare in soldoni, ma ci sono milioni di persone che obietterebbero: «Datemi il denaro di cui ho bisogno e troverò tutto il resto che voglio».

Il motivo principale che mi ha fatto scrivere questo libro è che milioni di donne e uomini sono paralizzati dalla paura della povertà. È stato Westbrook Pegler, che mi affretto a citare, a spiegare bene le conseguenze di questo tipo di timore.

Il denaro può assumere la forma di conchiglie, di dischetti metallici o di banconote e, certo, esistono tesori dell'anima che nessuna moneta potrà mai comprare: eppure, se è al verde, la maggioranza della gente non se lo ricorda ed è incapace di mantenere il buon umore. Quando un uomo non ha un dollaro in tasca, si trova sul lastrico e non riesce a procurarsi nessun lavoro, gli accade qualcosa nell'anima che si palesa nell'incurvarsi delle spalle, nel cappello sgangherato, nel suo modo di guardare e camminare. Prova inevitabilmente un senso di inferiorità rispetto a chi ha un'occupazione fissa, anche se sa bene di avere maggiore intelligenza, abilità o carattere.

Quelli che lavorano, magari suoi amici, provano per contro un senso di superiorità nei suoi confronti, fino a considerarlo, più o meno consciamente, irrecuperabile. Lui potrebbe anche chiedere soldi in prestito, ma ciò non basterà mai a farlo vivere decentemente, e del resto non si può mutuare denaro a lungo. Inoltre, un prestito per sopravvivere è un'esperienza desolante: questo denaro non ha infatti la forza di elevare lo spirito come quello guadagnato. Naturalmente, ciò non vale per i vagabondi e i fannulloni abituali, ma solo per chi ha ambizioni normali e il rispetto di sé.

Le donne nella stessa situazione sono diverse. Quando pensiamo agli spiantati, non includiamo mai il sesso femminile: infatti, non lo vediamo far la fila alle mense pubbliche, né chiedere l'elemosina sul marciapiede, e non lo riconosciamo fra la folla con gli stessi segni che abbiamo individuato e menzionato per i falliti del sesso maschile. Ovviamente, escludo le streghe che passeggiano per le strade e che rappresentano l'esatto corrispondente dei maschi depravati. Intendo le donne giovani, decenti e intelligenti. Ce ne devono essere molte, ma sembra che non siano disperate. Le altre, forse, si uccidono.

Quando un uomo è al verde, ha tempo sufficiente per rimuginare. Magari si reca a chilometri di distanza per un colloquio di lavoro, scoprendo che il posto è già occupato, oppure che è uno di quei posti lucrosi, però pagati a commissione sulle vendite di un inutile aggeggio che nessuno comprerà mai, se non per pietà. Costretto a rifiutare, si ritrova sulla strada senza nessun luogo dove andare, il che vuol dire andare ovunque. Così, cammina e cammina, osservando le vetrine, concupendo i beni di lusso che non potrà mai permettersi, sentendosi inferiore e scostandosi se arriva qualcuno che invece guarda la vetrina con interesse volto all'acquisto. Allora, prende a vagare nelle stazioni ferroviarie, o si rifugia nelle biblioteche per riposare le membra e riscaldarsi un po'. Ma questo non gli fa trovare un lavoro, per cui si mette di nuovo alla ricerca. Forse non lo sa, ma la sua mancanza di scopo lo tradisce anche se non l'avesse già fatto il suo aspetto. Magari è vestito decentemente con gli abiti rimastigli dal periodo in cui era occupato, ma nemmeno questi vestiti riescono a nascondere la curva delle spalle.

Vede migliaia di altre persone: ragionieri, impiegati, chimici, ferrovieri, tutti impegnati nel loro lavoro, e li invidia dal fondo dell'anima. Hanno la loro indipendenza, il rispetto di sé e quello dell'umanità, mentre lui non riesce a persuadersi di essere un brav'uomo, benché ci pensi e ripensi, concludendo ogni volta che lo è.

Quello che fa la differenza, dentro di lui, è solo il denaro. Con un po' di soldi in tasca, sarebbe di nuovo se stesso.

La paura delle critiche

Non è chiaro come abbiamo sviluppato questa paura, ma una co: è certa: l'abbiamo in forma accentuata.

Tendo ad attribuire questa paura basilare alla parte della natura um na tramandata che ci spinge non solo a rubare i beni del prossimo, m a giustificare questo atto con la critica al carattere del derubato. È n to che i ladri criticano gli uomini a cui sottraggono i beni e che, d rante le elezioni, i politici non mostrano le loro virtù ma cercano di me tere in luce i difetti dei loro concorrenti.

I furbi produttori di abbigliamento hanno capitalizzato l'umana pa ra delle critiche, da cui siamo tutti oppressi. Lo stile di molti capi e a ticoli cambia ogni stagione. Chi stabilisce gli stili? Di sicuro non l'a quirente, ma il produttore. E perché li cambia così frequentemente? L risposta è ovvia: per vendere più vestiti.

Lo stesso dicasi per i produttori di automobili, i quali cambiano m dello ogni stagione. Nessuno desidera guidare una macchina supera dal punto di vista della linea.

Per il momento, ci siamo limitati ai comportamenti causati dalla pa ra delle critiche nell'ambito delle cose frivole. Passiamo ad analizzare comportamenti relativi ai più importanti fatti dei rapporti umani. S riuscissimo a leggere il segreto di chiunque abbia raggiunto la maturit mentale (di solito, fra i trentacinque e i quarant'anni), scopriremmo l sua decisa negazione delle favole in auge fino a pochi decenni fa.

Perché l'individuo medio, anche in questi tempi illuminati, se n guarda bene dal negare di credere alle favole? Perché "ha paura di e:

sere criticato, censurato". In passato si bruciavano sul rogo le donne e gli uomini che osavano dire di non credere ai fantasmi. È evidente che abbiamo ereditato l'idea che ci fa temere il biasimo altrui. Non è trascorso molto tempo da quando, alla critica sociale, seguiva la pena. (In molti paesi, questa sanzione è ancora in uso).

La paura delle critiche priva l'uomo dello spirito di iniziativa, soffoca la sua fantasia, ne limita l'individualità, distrugge la fiducia di sé e lo danneggia in mille altri modi. I genitori feriscono spesso i figli rimproverandoli aspramente. La madre dell'amico di uno dei miei figli soleva punirlo con un bastone quasi tutti i giorni, completando sempre l'operazione con la frase: «Finirai in galera prima dei vent'anni». È entrato in riformatorio a diciassette.

Il biasimo è la forma di critica di cui non sentiamo mai la mancanza. Ognuno ne ha una riserva che gli viene rimpinguata continuamente, in modo gratuito, anche se non lo chiede. Sono i parenti prossimi a fungere spesso da grandi criticoni. Bisognerebbe inserire nel codice penale questo crimine come offesa della peggior natura, specie quando un genitore instilla un complesso di inferiorità nei figli sgridandoli senza motivo. I datori di lavoro che conoscono la natura umana motivano i dipendenti non con le critiche, ma con suggerimenti costruttivi. Lo stesso vale per i genitori coi figli. Le critiche radicano la paura, o il risentimento, nel cuore dell'uomo, non favoriranno mai l'amore e l'affetto.

I sintomi della paura di essere criticati

Siccome questo timore è diffuso ovunque come quello della povertà, le sue conseguenze sono fatali per la realizzazione personale perché uccidono lo spirito di iniziativa e scoraggiano l'uso dell'immaginazione. I principali sintomi sono:

Imbarazzo. Di solito si esprime attraverso il nervosismo, la timidezza nelle conversazioni e nel far amicizia con gli sconosciuti, il gesticolare sgraziato di mani e membra, il tentativo di evitare il contatto oculare.

Mancanza di calma ed equilibrio. Incapacità di controllare la voce, nervosismo davanti agli altri, cattiva postura corporea, scarsa memoria.

Personalità. Mancanza di fermezza e capacità di decidere, di fascino personale, dell'abilità di esprimere le opinioni con sicurezza. Abitudi-

ne di schivare i problemi, invece di affrontarli e risolverli. Concor
dare con gli altri senza discutere le loro opinioni.

Complesso di inferiorità. Abitudine di elogiarsi, con parole e azioni, pe
celare un senso di inferiorità. Usare "parole grosse" per impressio
nare gli altri, spesso senza nemmeno sapere il significato dei termi
ni usati. Imitare gli altri nei discorsi, nelle maniere e nell'abbiglia
mento. Vantarsi di successi immaginari. A volte si maschera con ur
complesso di superiorità.

Prodigalità. Abitudine di adeguarsi ai costumi dei "vicini", magar
spendendo più di quanto ci si possa permettere.

Mancanza di iniziativa. Incapacità di cogliere le occasioni per migliorare
paura di esprimere le proprie opinioni, sfiducia nelle proprie idee, re
plicare in modo evasivo alle richieste dei superiori, esitazioni nei di
scorsi e nei comportamenti, parole e azioni tese a ingannare.

Scarsa ambizione. Pigrizia mentale e fisica, incapacità di farsi valere, len
tezza nel prendere le decisioni, influenzabilità; abitudine di critica
re gli altri alle loro spalle e di lusingarli a tu per tu, accettare le scor
fitte senza protestare, rinunciare a un'impresa se gli altri si oppor
gono; sospettare gli altri senza motivo, mancanza di tatto nelle pa
role e nelle azioni, non essere disposti ad accettare la colpa per even
tuali errori.

La paura delle malattie

Questa paura dipende da cause fisiche e sociali ed è strettament
connessa ai timori per la vecchiaia e la morte, perché ci induce a me
ditare su quelle "terribili parole", di cui, pur non conoscendone il si
gnificato, ce ne hanno dette di tutti i colori, spesso raccontandoci stc
rie poco edificanti. Inoltre, vi è la diffusa opinione che certi personag
gi dalla dubbia moralità si impegnino a tener viva la paura delle ma
lattie per poter "vendere la salute".

Tutto sommato, l'uomo teme i malanni perché prefigura il quadr
a tinte fosche che gli hanno descritto nel caso che venga sorpreso e sc
praffatto dal trapasso. Li teme altresì per gli elevati costi economici i
cui incorrerebbe per guarire.

Un famoso medico stima che il settantacinque per cento dei pazienti che si rivolgono ai professionisti della salute soffre di ipocondria (cioè immaginano di essere malati). È stato pure dimostrato che la paura di stare male, perfino quando non vi è alcun motivo, produce in molti casi i sintomi della patologia temuta.

La mente umana è davvero potente! Può creare o distruggere.

Sfruttando questo diffusissimo timore, i venditori di farmaci brevettati si sono arricchiti come nababbi. Qualche decennio fa, tale forma di imposizione basata sulla credulità umana assunse un rilievo così marcato che la rivista *Colliers'* si vide costretta a sferrare una campagna di stampa contro i peggiori approfittatori del commercio di farmaci.

Una serie di esperimenti condotti alcuni anni orsono ha provato che è possibile far ammalare la gente con la suggestione. Ho voluto ripetere l'esperimento in prima persona, convincendo tre miei amici a visitare una "vittima". Ognuno di loro doveva porgli la domanda: «Cos'hai? Sembra che stai molto male!» Al primo, la vittima rispondeva con un ghigno e un indifferente: «Niente, sto benissimo!» Al secondo, la vittima replicava: «Non so, ma mi sento poco bene». Il terzo riceveva sempre questa risposta: «Ammetto francamente di sentirmi male».

Un altro fatto acclarato è che le affezioni esordiscono come forma di impulso mentale negativo. Tali impulsi possono passare da una mente all'altra per mezzo della suggestione, o essere creati da un individuo all'interno della sua mente.

Un uomo dotato di maggiore saggezza di quanto appaia dalla sua intenzione ha detto una volta: «Se qualcuno mi chiede come sto, ho sempre voglia di rispondergli con un colpo che lo atterri».

I migliori medici mandano i pazienti alle cure termali o consigliano loro di prendersi una vacanza in climi più favorevoli per facilitare il necessario cambiamento di disposizione mentale. Il germe della malattia cresce in ogni mente umana. Le paure, le preoccupazioni, la malinconia, le delusioni d'amore e d'affari facilitano l'ulteriore proliferazione di tale germe.

Le delusioni d'amore e d'affari sono in cima alla lista dei motivi che ci fanno ammalare. Un giovanotto abbandonato dalla sua bella si ridusse in uno stato tale da dover essere ricoverato. Rimase per mesi fra la vita e la morte. Fu mandato a chiamare anche uno psicanalista. Questi ordinò la turnazione delle infermiere, assegnando il paziente a una *giovane e piacente signorina* che, debitamente istruita dallo specialista, ini-

ziò ad amoreggiare con lui fin dal primo giorno in cui prese servizio.
Dopo tre settimane, il giovanotto poté essere dimesso, benché ancora
soffrisse, anche se di una malattia del tutto diversa. Era di nuovo in
namorato. La cura era una burla, ma in seguito paziente e infermiera
si sono sposati davvero.

I sintomi della paura di ammalarsi

I più comuni sono:

Autosuggestione. L'abitudine di usare l'autosuggestione negativa per cer
care i sintomi di ogni tipo di patologia, aspettandosi di trovarli. Al
tri sono "contenti" di avere malattie immaginarie e ne parlano co
me se fossero reali. La tendenza a provare tutti i farmaci alla "mo
da" e le terapie alternative raccomandate dagli "amici" come se fos
sero di attestata efficacia. Dilungarsi con gli altri sugli interventi chi
rurgici subiti, sui dettagli dei propri acciacchi e su ogni forma di in
disposizione. Sperimentare le diete, nuovi esercizi fisici e nuovi si
stemi di cura senza chiedere il parere del medico. Saggiare rimed
casalinghi, medicine empiriche o quelle dei "ciarlatani".

Ipocondria. L'abitudine di parlare delle malattie, focalizzando la ment
sul male e aspettandosi che ne consegua un crollo nervoso. Nessu
farmaco può guarire questa condizione, che è l'effetto del pensier
negativo. L'unica cura è il pensiero positivo. Si dice che l'ipocondria
termine dotto per indicare le malattie immaginarie, produca tanti dan
ni quanti la malattia che si teme di avere. La maggioranza dei cosi
detti casi di "nervosismo" deriva dal credere di essere malati.

Esercizio. Il timore di stare male interferisce con gli esercizi fisici e pro
voca un aumento di peso, anche perché si evita di uscire di casa.

Vulnerabilità. La paura di stare male incide sulla naturale resistenza fi
sica e crea condizioni favorevoli per ogni forma di malattia con cu
si venga in contatto.

Questo timore è sovente interconnesso con quello della povertà, spe
cie nel caso dell'ipocondriaco che si preoccupa costantemente di do
ver pagare le parcelle del dottore, le medicine, le fatture dell'ospedal
ecc. I malati immaginari sprecano tempo per prepararsi alle malattie

parlando della morte, risparmiando i soldi per pagare le pompe funebri e il loculo del cimitero ecc.

Autocompiacimento. L'abitudine di compatirsi per attirare le simpatie altrui, usando le malattie immaginarie come esca. (Spesso è un trucco che fanno quelli che non hanno voglia di lavorare). L'abitudine di fingersi malati per nascondere la pigrizia o avere un alibi per la propria mancanza di ambizioni.

Intemperanza. Consuetudine di esagerare con l'alcol o gli stupefacenti per attutire dolori come nevralgie ed emicranie invece di eliminare la causa vera.

L'abitudine di leggere trattati di medicina per preoccuparsi di poter cadere vittima di una malattia. Il crogiolarsi nella lettura della pubblicità di nuovi farmaci in commercio.

La paura di perdere l'amore

La causa di questa paura radicata dipende dalla poligamia dell'uomo primitivo, a cui piaceva rubare la compagna degli altri, prendendosi con lei tutte le libertà ogni volta che desiderava.

La gelosia e le altre forme analoghe di nevrosi si sono sviluppate per questo timore radicato di perdere l'amore della compagna o del compagno. Si tratta naturalmente della paura che, fra le sei principali, provoca il maggior dolore, devastando la persona che ne soffre a livello sia fisico sia mentale.

I sintomi della paura di perdere l'amore

I più comuni sono:

Gelosia. La tendenza a sospettare gli amici e le persone amate senza prove sufficienti e ragionevoli per farlo. L'abitudine di accusare senza motivo la moglie o il marito di infedeltà. Sospettare tutti, non riporre fiducia in nessuno.

Trovare da ridire. L'abitudine di criticare amici, parenti, soci d'affari, il coniuge e il fidanzato/a alla minima provocazione o senza qualsivoglia motivo.

Scommettere. L'abitudine di speculare, rubare, truffare e giocare d'az
zardo per procurarsi denaro per la persona amata nella convinzio
ne che si possa comprare l'amore. La tendenza a spendere più d
quanto si abbia, di accumulare debiti, di essere generosi di regal
con la persona amata allo scopo di rendersi bene accetti. Insonnia
nervosismo, incostanza, scarsa forza di volontà, scarso autocontrol
lo, mancanza di fiducia in sé, brutto carattere.

La paura della vecchiaia

Questo timore scaturisce da due cause principali. In primo luogo
l'idea che la vecchiaia porti come conseguenza la povertà. La seconda
molto più diffusa, deriva dai falsi e crudeli insegnamenti del passato
che si ammantavano di terribili spauracchi per schiavizzare l'uomo at
traverso la paura.

Abbiamo due validi motivi per temere la vecchiaia: la diffidenza per
i nostri simili, che possono privarci dei beni quando siamo vecchi, e i
quadro sfavorevole che ci si forma di come procede il mondo col pas
sare degli anni.

Anche il possibile instaurarsi delle malattie contribuisce al timore d
invecchiare. Né dobbiamo sottovalutare l'erotismo, perché a nessuno pia
ce il pensiero di provare meno attrazione sessuale con l'avanzare dell'età

Ovviamente, avere paura della povertà in vecchiaia è la cosa peg
giore. L'ospizio di mendicità non è una bella prospettiva per nessuno
Ad altri vengono i brividi al solo pensiero di dover chiedere l'assisten
za pubblica negli anni del declino fisico.

A ciò si aggiunge la possibile perdita della libertà di movimento e
dell'autonomia fisica, per cui non è strano che l'età avanzata susciti tan
ti timori.

I sintomi della paura di invecchiare

Ecco i più comuni:

La tendenza a rallentare le attività e a sviluppare un complesso di in
feriorità verso i quarant'anni, la presunta soglia della maturità men
tale, ritenendo erroneamente di cominciare a "perdere i colpi". (Per
contro, la verità è che gli anni più produttivi a livello intellettuale e
spirituale si situano fra i quaranta e i sessanta).

L'abitudine a scusarsi per la propria età "avanzata", solo perché si hanno quaranta o cinquant'anni, invece di esprimere gratitudine per aver raggiunto l'età della ragione e della saggezza.

L'abitudine di rinunciare all'iniziativa, all'immaginazione e alla sicurezza di sé, ritenendo erroneamente di essere troppo anziani per esercitare tali qualità. La consuetudine dell'uomo o della donna quarantenne di indossare vestiti giovanili per sembrare meno vecchi, oppure di adottare maniere e comportamenti da adolescenti, col solo risultato di farsi ridicolizzare tanto dagli amici quanto dagli estranei.

La paura della morte

Per qualcuno è questa la paura più terribile. L'uomo si pone da milioni di anni due domande a cui non ha trovato la risposta: da dove veniamo? Dove andiamo?

La vita è energia. Di conseguenza, se materia ed energia sono indistruttibili, nemmeno la vita può essere cancellata. Al pari di ogni altra forma energetica, la vita muta, attraversa vari processi, ma non si annulla. La morte è, quindi, un semplice stato di transizione.

Se è una trasformazione, il decesso fisico è seguito da un lungo, eterno sonno, di cui non possiamo aver paura. Perciò, potete fare a meno di temere la morte.

I sintomi della paura di morire

I più comuni sono:

L'abitudine di pensare alla morte invece di darsi da fare per ottenere il meglio dalla vita, e ciò a causa della mancanza di uno scopo o di un'occupazione adatta. Questo timore prevale ovviamente nelle persone anziane, ma a volte ne sono vittima anche i giovani. La medicina migliore è l'intenso desiderio di realizzarsi, sostenuto da congrui servizi resi agli altri. Una persona indaffarata non ha quasi mai il tempo di pensare alla morte perché vive in modo troppo eccitante per preoccuparsi. Talvolta la paura di morire è associata a quella della povertà, specie se la propria morte lascia i famigliari in condizioni di indigenza. In altri casi, la si teme a causa di malattie e in seguito alla perdita della resistenza fisica. I motivi sottesi possono essere: un cattivo stato di salute, la povertà, la mancanza di un'occupazione, le delusioni amorose, la pazzia, il fanatismo religioso.

Le preoccupazioni

La preoccupazione è uno stato mentale fondato sulla paura. Agisce lentamente, ma non la smette mai. È sottile, insidiosa, "si insinua" poco alla volta, fino a paralizzare le facoltà razionali dell'individuo, a distruggergli la sicurezza di sé e a cancellargli ogni spirito di iniziativa. È una forma prolungata di paura causata dall'indecisione; perciò, è una condizione mentale che possiamo controllare.

Una mente instabile non ha scampo e l'indecisione ci rende instabili. A molte persone manca la forza di volontà per assumere decisioni in fretta e attenervisi dopo averle prese.

Se si decide di seguire un certo corso, le preoccupazioni svaniscono. Una volta intervistai un condannato a morte che avrebbe dovuto andare sulla sedia elettrica un paio d'ore dopo. Lui era il più calmo delle otto persone presenti nella cella della morte: la sua serenità mi spinse a chiedergli cosa pensasse del fatto di dover passare all'altro mondo in breve tempo. Esclamò con un ampio sorriso: «Mi sento benissimo. Pensa, fratello, che lassù i miei guai saranno finiti. Nella vita, ho avuto solo problemi. È stata dura procacciarmi sempre da mangiare e da vestirmi. Presto non dovrò più preoccuparmene. Mi sono sentito bene da quando sono stato sicuro di dover morire. Ho deciso allora di accettare il mio destino in maniera positiva».

Parlando con me, consumava l'ultimo pasto, che sarebbe bastato a sfamare tre persone, ingoiando ogni boccone con un gusto che non faceva certo pensare alla disgrazia che lo aspettava. Era la decisione a farlo rassegnare al suo destino! E la decisione può impedire l'accettazione di circostanze indesiderate.

Le sei paure fondamentali si traducono in uno stato di preoccupazione a causa dell'indecisione. Sbarazzatevi una volta per tutte della paura di morire decidendo di accettare la morte come evento ineludibile. Liberatevi del timore della povertà decidendo di tirare avanti con la parte di ricchezze che riuscite ad accumulare senza preoccupazioni. Scacciate la paura delle critiche altrui decidendo *di non preoccuparvi* di ciò che fa, dice o pensa la gente. Eliminate il timore di invecchiare decidendo di accettare l'invecchiamento, non come svantaggio, bensì come benedizione che porta con sé la saggezza, l'autocontrollo e una comprensione sconosciuta ai giovani. Cancellate le apprensioni per le malattie decidendo di dimenticarne i sintomi. Gestite la paura di perdere l'amore decidendo di vivere temporaneamente senza amore, se necessario.

Soffocate le preoccupazioni di qualsiasi genere decidendo in via generale che nulla di quanto offre la vita vale il prezzo dell'irrequietezza mentale. Allora, sarete calmi, equilibrati, interiormente sereni, quindi felici.

Un uomo la cui mente è dominata dalle paure non sciupa soltanto la possibilità di agire con intelligenza, ma trasmette le vibrazioni negative alla mente di tutti coloro che entrano in contatto con lui, distruggendo anche le loro possibilità.

Perfino un cane o un cavallo si accorgono quando al loro padrone manca il coraggio; inoltre, essi colgono le vibrazioni di paura che ha il padrone e si comportano di conseguenza. Come vedete, anche nel regno degli animali esiste la medesima capacità di captare le vibrazioni di paura.

La disgrazia del pensiero negativo

Le vibrazioni della paura circolano da una mente all'altra con la stessa sicurezza e rapidità con cui il suono della voce umana si trasmette dalla stazione di emissione all'apparecchio ricevente di una radio.

La persona che esprime apertamente i suoi pensieri distruttivi può esser certa di subire l'effetto di tali parole sotto forma di "reazioni" negative. Anche il fatto di dare libero sfogo ai pensieri nocivi, pur senza esprimerli apertamente, produce una reazione di vario genere. In primo luogo, che è il più importante, la persona che pensa male vede inficiata la sua capacità di immaginazione. In secondo luogo, coltivare emozioni negative favorisce lo sviluppo di un carattere odioso che induce gli altri a sfuggirci, trasformandoli in nemici. In terzo luogo, i pensieri negativi si radicano nel subconscio di chi li coltiva, diventando una parte essenziale del suo carattere.

Presumibilmente, lo scopo della vostra vita è raggiungere il successo. Per raggiungerlo, occorre trovare la serenità interiore, soddisfare i bisogni basilari e soprattutto essere felici. Tutte queste manifestazioni del successo iniziano come impulsi di pensiero.

Si può controllare la mente, alimentandola con gli impulsi preferiti e più produttivi. Ne consegue il privilegio e la responsabilità di usarla in modo costruttivo. Siccome possiamo dominare la nostra mente, siamo i padroni del destino terreno che ci attende. Possiamo influire sull'ambiente, e perfino dominarlo, rendendo la nostra esistenza quello che vogliamo che sia, oppure possiamo trascurare di esercitare il nostro privilegio, di mettere ordine nelle nostre azioni, arrendendoci al vasto mare delle "circostanze", dove saremo scaraventati su e giù, come una scheggia in balìa delle onde.

Le opere del demonio

Oltre le sei paure citate, vi è un altro male di cui soffre la gente. Esso consta del ricco terreno in cui crescono abbondanti i semi dell'insuccesso. È talmente sottile che spesso non se ne scorge neppure la presenza. Inoltre, è più radicato e fatale delle altre sei paure. In mancanza di un nome migliore, lo chiameremo *vulnerabilità agli influssi negativi*.

Le persone di successo di ogni settore si preparano a resistere a questo male. Se leggete questo libro per arricchirvi, dovreste esaminarvi bene per stabilire se siete vulnerabili agli influssi negativi. Se non lo fate, perderete il diritto alla realizzazione personale.

Sottoponetevi all'autoanalisi che segue fra poco. Dopo aver letto le domande che ho preparato, attenetevi a una grande onestà nel rispondere. Eseguite il compito come se foste in cerca del nemico che vi tende un'imboscata e trattate i vostri difetti con la stessa spietatezza che riservereste a un nemico tangibile.

È facile proteggersi dai ladri di strada perché la legge ci aiuta con i suoi provvedimenti e le truppe di polizia, ma questo "settimo male" è più difficile da gestire, dato che ci colpisce quando non ci accorgiamo della sua presenza, mentre dormiamo o siamo svegli. Inoltre, le sue armi sono immateriali perché, in fondo, si tratta di una condizione mentale. Esso è pericoloso poiché assume varie forme, tante quante sono le esperienze umane. A volte si insinua nella nostra mente tramite le parole dei parenti dette a fin di bene. Altre volte, ci scava dall'interno a causa del nostro stesso atteggiamento mentale. Ma è sempre velenoso, perfino mortale, anche se la sua azione è lenta.

Come proteggersi dagli influssi negativi

Per difendersi da tali influssi, che dipendano da voi o siano il risulato delle attività altrui, basta applicare sempre la forza di volontà, fino a costruire una barriera immunitaria dentro di sé.

Riconoscete che, per natura, gli esseri umani sono pigri, indifferenti e vulnerabili alle suggestioni che si armonizzano con i loro difetti.

Riconoscete di essere vulnerabili alle sei paure basilari e abituatevi a comportarvi in modo da contrapporvi a esse.

Riconoscete che spesso le influenze negative agiscono su di voi attraverso il subconscio, per cui è difficile individuarle, e sbarrate la mente a tutte le persone che vi deprimono o vi scoraggiano.

Sgomberate l'armadietto dalle medicine, buttate via tutte le boccette e le pillole, smettetela di compiacervi delle vostre malattie, dei vostri dolori, raffreddori e mali immaginari.

Cercate deliberatamente la compagnia di gente che vi incita a pensare e agire per voi stessi.

Non aspettatevi i guai, dal momento che hanno la tendenza a non deludere le aspettative.

La debolezza più diffusa fra gli uomini è senz'altro l'abitudine di essere mentalmente suscettibili agli influssi negativi provenienti dagli altri. Questo difetto è tanto più dannoso in quanto molti non si accorgono nemmeno di esserne affetti; altri, quelli che lo riconoscono, trascurano di correggere questo sommo male fino a farlo diventare il padrone della loro vita.

Per aiutare coloro i quali desiderano vedersi per quello che sono veramente, ho preparato un elenco di quesiti. Leggeteli e rispondete a voce alta, in modo da udirne il tono. Vi sarà più facile essere sinceri con voi stessi.

Autoanalisi

Vi lamentate spesso di "sentirvi poco bene", e in tal caso qual è il motivo?
Date la colpa agli altri alla minima provocazione?
Commettete spesso errori sul vostro lavoro? Perché?
Siete sarcastici e offensivi nella vostra conversazione?
Evitate deliberatamente di stare in compagnia degli altri? Perché?
Soffrite spesso di indigestione? Per quale motivo?

La vita vi sembra futile e il futuro senza speranze?

Vi piace la vostra occupazione? In caso negativo, perché no?

Vi compatite spesso? Se sì, perché?

Invidiate quelli che sono meglio di voi?

A cosa pensate più spesso, al successo o al fallimento?

Invecchiando, aumenta la vostra fiducia in voi o diminuisce?

Imparate qualcosa di utile dagli errori commessi?

Permettete ai parenti o ai conoscenti di crearvi delle preoccupazioni? Perché?

Vi sentite a volte "al settimo cielo" e altre volte nel gorgo della depressione?

Chi vi ispira e influisce positivamente su di voi? Per quale ragione?

Sopportate le influenze negative o scoraggianti che potreste evitare?

Siete indifferenti al vostro aspetto personale? Se lo siete, quando e perché?

Avete imparato a "soffocare i guai" tenendovi abbastanza impegnati così da renderli inoffensivi?

Vi definireste "uno smidollato" se permetteste agli altri di pensare per voi?

Non pensate a pulirvi internamente, finché questo lassismo vi intossica al punto da rendervi irritabili e guastarvi il carattere?

Quali disturbi prevedibili vi seccano e perché li tollerate?

Fate ricorso a liquori, a droghe o a sigarette per "calmare i nervi"? Perché, invece, non provate con la forza di volontà?

C'è qualcuno che vi "tormenta"? Per quale motivo?

Avete un preciso obiettivo principale da raggiungere? Qual è? E quali progetti avete per realizzarlo?

Soffrite di una o più delle sei paure fondamentali? Quali?

Avete una tecnica per proteggervi dagli influssi negativi degli altri?

Usate in modo deliberato l'autosuggestione per assumere una disposizione mentale positiva?

Cosa apprezzate di più: i beni materiali che possedete o la possibilità di controllare i vostri pensieri?

Vi fate influenzare facilmente dagli altri, anche in contrasto col vostro giudizio?

La giornata odierna ha aggiunto qualcosa di prezioso alla vostra riserva di conoscenze o al vostro stato mentale?

Affrontate direttamente gli eventi che vi rendono infelici o svicolate dalle responsabilità?

Analizzate tutti gli errori e i fallimenti, cercando di imparare ogni volta, oppure ritenete che non spetti a voi farlo?

Sapete individuare tre dei vostri difetti più perniciosi? Cosa fate per correggerli?

Incoraggiate gli altri a parlarvi delle loro preoccupazioni e simpatizzate con loro?

Nelle vostre esperienze quotidiane, fate attenzione alle lezioni e agli influssi che favoriscono il miglioramento personale?

In genere, la vostra presenza ha un influsso negativo sugli altri?

Quali comportamenti della gente vi irritano di più?

Vi formate opinioni individuali o lasciate che gli altri vi condizionino?

Avete appreso a creare uno stato mentale con cui difendervi dagli influssi negativi?

Il vostro lavoro vi ispira ad avere maggiore fede e speranza?

Siete consapevoli di possedere forze spirituali così potenti da consentirvi di tenere la mente libera da ogni forma di paura?

La vostra religione vi aiuta ad avere una mentalità positiva?

Sentite di dover condividere le preoccupazioni degli altri? Perché?

Se credete che "i simili si accompagnano", cosa avete imparato su di voi studiando gli amici che attirate?

Quali collegamenti potete vedere fra la gente con cui fate amicizia e l'infelicità che forse provate?

Non potrebbe darsi che una persona che ritenete amica abbia in realtà un influsso negativo sulla vostra mente?

Con quale criterio giudicate chi è utile o dannoso per voi?

I vostri amici intimi vi sono superiori o inferiori a livello mentale?

Nelle 24 ore giornaliere, quanto tempo dedicate a:

    a. il vostro lavoro
    b. il sonno
    c. il gioco e il rilassamento
    d. acquisire nuove conoscenze
    e. puro spreco?

Chi, fra i vostri conoscenti

    a. vi incoraggia di più
    b. vi dice soprattutto di fare attenzione
    c. vi scoraggia di più?

Qual è la vostra maggiore preoccupazione? Perché la tollerate?

Se qualcuno vi dà consigli senza che glieli abbiate chiesti, li accettate senza discutere, o analizzate le sue motivazioni?

Che cosa desiderate più di tutto? Volete ottenerlo? Siete disposti a subordinare gli altri desideri, privilegiando questo? Quante ore al giorno dedicate alla sua realizzazione?

Cambiate spesso idea? Perché?

Di solito, finite tutto quello che cominciate?

Vi fate impressionare dal lavoro, dai titoli professionali e scolastici o dalla ricchezza altrui?

Vi fate facilmente influenzare da quello che la gente pensa o dice di voi?

Siete servizievoli o solidali con la gente a causa della loro posizione sociale o finanziaria?

Chi credete sia la più grande persona vivente? In che cosa vi è superiore?

Quanto tempo avete dedicato a rispondere oculatamente a queste domande? (Per un impegno sincero è necessario almeno un giorno).

Se avete risposto con onestà, ora vi conoscete meglio di quanto si conosca la maggioranza delle persone. Studiate i quesiti con grande attenzione, rileggeteli una volta alla settimana per diversi mesi e sarete stupiti dalla quantità di informazioni aggiuntive, sommamente preziose, che vi sarete procurati. Se in qualche caso non siete sicuri della risposta da dare, chiedete consiglio a quelli che vi conoscono bene, specie se non hanno motivo di lusingarvi, e fidatevi di vedervi coi loro occhi. L'esperienza sarà stupefacente.

L'unica cosa su cui abbiamo il controllo totale

Ciò che possiamo dominare completamente sono i nostri pensieri. Questo è il fenomeno più stimolante e significativo fra tutti quelli noti. Ciò rispecchia, inoltre, la natura divina dell'uomo. Tale privilegio divino è il solo mezzo che ci permette di controllare il nostro destino. Dominando la mente, si controlla anche tutto il resto, siatene certi. Se proprio siete portati a trascurare le cose che possedete, fatelo coi beni materiali. *La vostra mente è la dimora spirituale!* Difendetela e adoperatela con la cura a cui hanno diritto le prerogative divine. La forza di volontà ci è stata data per soddisfare questo fine.

Purtroppo non c'è una legge che ci protegga da quelli che, per ignoranza o per un loro progetto, avvelenano la mente altrui con pensieri negativi. A mio avviso, queste persone dovrebbero essere condannate severamente, a livello penale, perché ostacolano le nostre possibilità di acquisire i beni materiali garantiti dalla legge.

Gli uomini dalla mentalità negativa cercarono di convincere Edison che non avrebbe mai potuto inventare una macchina per registrare e riprodurre la voce umana. Dicevano: «Nessuno ci è mai riuscito, quindi...» Ma Edison non prestava ascolto a tali opinioni. Era sicuro di poter costruire qualsiasi cosa la sua mente concepisse e prendesse per buono, e fu quella convinzione ad elevarlo fra gli uomini.

Gli uomini dalla mentalità negativa predissero a Frank Winfield Woolworth[1] che si sarebbe ridotto sul lastrico se avesse aperto i suoi negozi di saldi da cinque e dieci centesimi al pezzo. Lui tirò dritto. Sapeva di poter riuscire in tutto, entro ambiti ragionevoli, se avesse infuso la fede nei suoi progetti. Esercitando il diritto di allontanare le suggestioni negative del volgo, accumulò una fortuna enorme, più di cento milioni di dollari.

Gli scettici disprezzavano e corbellavano Henry Ford quando cercò di condurre la sua prima, ancora grezza, automobile sulle strade di Detroit. Alcuni erano convinti che si trattasse di un'invenzione poco pratica, altri dicevano che non avrebbero speso una lira per un aggeggio simile. Ford invece disse: «Riempirò la terra di automobili affidabili», e ci riuscì! Quelli che vogliono arricchirsi prendano nota: l'unica differenza fra Ford e la maggioranza degli operai è che lui controllava la sua mente, loro non ci provavano nemmeno.

Il controllo mentale deriva da abitudine e autodisciplina: o si controlla la mente o ci si fa controllare da essa. Non ci sono vie di mezzo, né compromessi possibili. La tecnica più pratica per dominarla è la consuetudine di tenerla occupata con uno scopo preciso, sostenuto da un progetto e da un'organizzazione. Studiate le gesta di chiunque abbia raggiunto il successo e vedrete che aveva totale controllo sulla sua men-

---

[1] Commerciante americano (1852-1919), poi proprietario di una catena di grandi magazzini (N.d.t.).

te, che esercitava per il conseguimento di un traguardo specifico. Senza tale controllo, il successo è impossibile.

Le cinquantacinque famose scuse: se...

I falliti hanno un tratto in comune che li contraddistingue: conoscono tutti i *trucchi per non avere successo* e snocciolano una serie di pretesti, da loro ritenuti a prova di bomba, per giustificare l'incapacità di realizzarsi.

Alcune di tali scuse sono sottili, altre parzialmente vere. Ma non si possono usare le scuse per fare soldi. Il mondo vuole solo i fatti: avete successo? Siete riusciti ad averlo?

Ho chiesto a uno psicologo di stilare un elenco dei pretesti addotti più spesso dai pazienti. Leggendo la lista, esaminatevi attentamente e stabilite quante delle seguenti scusanti siete abituati ad accampare. Ricordate anche che la filosofia di questo libro rende obsoleti tutti gli alibi esistenti.

Se non avessi moglie e una famiglia...
Se avessi abbastanza "appoggi, raccomandazioni"...
Se avessi i soldi...
Se avessi avuto una buona istruzione...
Se potessi trovare un lavoro...
Se avessi la salute...
Se solo avessi tempo...
Se i tempi fossero migliori...
Se gli altri mi capissero...
Se le condizioni attorno a me fossero diverse...
Se potessi rivivere la mia vita...
Se non avessi paura di quello che potrebbero dire gli altri...
Se mi avessero offerto una possibilità...
Se avessi adesso un'occasione...
Se gli altri non ce l'avessero con me...
Se non vi fosse nulla a fermarmi...
Se solo fossi più giovane...
Se solo potessi fare ciò che voglio...
Se fossi nato ricco...
Se potessi incontrare le persone "giuste"...
Se avessi il talento che ha qualcuno...

Se osassi impormi...
Se solo avessi colto le occasioni passate...
Se la gente non mi desse i nervi...
Se non dovessi badare ai bambini e tener pulita la casa...
Se potessi risparmiare un po' di denaro...
Se il capo mi apprezzasse...
Se solo avessi qualcuno che mi aiutasse...
Se la mia famiglia mi comprendesse...
Se vivessi in una grande città...
Se solo potessi iniziare...
Se fossi libero...
Se avessi il carattere e la personalità di certuni...
Se non fossi così grasso/a...
Se i miei talenti venissero riconosciuti...
Se solo avessi fortuna...
Se potessi ripianare i debiti...
Se non avessi fallito...
Se solo avessi saputo come...
Se non avessi avuto tutti contro...
Se non avessi tante preoccupazioni...
Se potessi sposare la persona giusta...
Se la gente non fosse tanto stupida...
Se la mia famiglia non fosse così bizzarra...
Se fossi sicuro di me...
Se non fossi sfortunato...
Se non fossi nato sotto la stella sbagliata...
Se non fosse vero che "quanto dev'essere sarà"...
Se non dovessi lavorare così duro...
Se non avessi perso i miei soldi...
Se avessi vicini diversi...
Se non avessi un "passato"...
Se solo avessi un lavoro indipendente...
Se gli altri mi ascoltassero...
Se (e questo è il più grave) avessi il coraggio di vedermi per quello che sono davvero, *scoprirei cosa c'è di sbagliato in me e lo modificherei*. Allora, saprei trarre vantaggio dai miei errori e imparare qualcosa dall'esperienza degli altri, perché sono sicuro che c'è qualcosa di sbagliato in me, altrimenti mi troverei dove vorrei es-

sere se avessi dedicato più tempo ad analizzare i miei difetti e le mie debolezze e meno tempo a costruirmi degli alibi per far finta che non esistano.

Accampare scusanti per giustificare gli insuccessi è un passatempo assai diffuso, direi internazionale. Quest'abitudine è vecchia come la razza umana e *letale per quanto attiene al successo!* Perché la gente si tiene stretta le sue scuse preferite? La risposta è ovvia: difende ciò che ha essa stessa inventato! I pretesti di un uomo sono il frutto della sua immaginazione. È naturale difendere le proprie creature.

Trovare le scuse è un atteggiamento radicato e le abitudini tanto inveterate sono difficili da estirpare, specie se offrono una giustificazione per le nostre azioni. Platone pensava a questo quando disse: «La prima e maggiore vittoria è la conquista di se stessi. Essere conquistati dall'io è la cosa più meschina e vergognosa».

Un altro filosofo intendeva la stessa cosa affermando: «Scoprii con grande sorpresa che quasi tutti i difetti che vedevo negli altri erano solo il riflesso della mia natura».

«Per me, è sempre stato un mistero», sosteneva Elbert Hubbard, «il motivo per cui la gente sprechi tanto tempo ad autoingannarsi creando alibi per nascondere le proprie debolezze. Se lo usassero diversamente, lo stesso tempo basterebbe per curare quei difetti, dopo di che non ci sarebbe bisogno di alcun alibi».

Prima di lasciarvi, vorrei ricordare che la «vita è una partita a scacchi, in cui l'avversario è il tempo. Se esitate a fare le mosse, o non ve ne preoccupate, sarete spazzati via dal teatro delle operazioni insieme ai vostri pezzi. State giocando contro un avversario che non ammette indecisioni!»

In precedenza, potevate avere scuse logiche per non costringere la vita ad accontentarvi nelle vostre richieste, ma adesso quelle scuse sono obsolete, dal momento che vi ho messo in mano la Chiave per aprire il forziere delle ricchezze.

Questa Chiave non è un bene materiale, ma è potentissima! È il privilegio di creare *nella vostra mente* il desiderio intenso di arricchirvi, in qualsiasi forma vogliate farlo. L'uso della Chiave non comporta penalità, ma implica sicuramente un costo. Questo prezzo è il fallimento, l'insuccesso. Se invece usate la Chiave, vi aspetta una lauta, meravigliosa, icompensa: la soddisfazione che provano *tutti coloro i quali conquistano e stessi e obbligano la vita a sborsare ciò che le chiedono.*

Vale la pena sforzarsi per tale ricompensa. Ne siete convinti e faree il primo passo?

«Se siamo tutti collegati», ha detto l'immortale Emerson, «ci inconreremo». Per concludere, prendo a prestito il suo pensiero e lo rifornulo così: se siamo interconnessi, ci siamo incontrati in queste pagine.

INDICE

Napoleon Hill
PIANO DI AZIONE POSITIVA
365 meditazioni per fare di ogni giorno un successo

pp. 232

"Anche un viaggio di mille chilometri inizia con un passo", dice un proverbio. Il primo passo verso il proprio miglioramento, il successo e la felicità è semplice come aprire questo libro – una vera e propria guida giornaliera – andare alla data di oggi e iniziare a muoversi verso il successo di domani.

Napoleon Hill
LE CHIAVI DEL PENSIERO POSITIVO
10 passi verso benessere e successo

pp. 160

Attraverso un programma molto efficace e semplice da seguire, questo libro – completo di test e questionari – fornisce tutti i principi, le tecniche e l'incoraggiamento necessari per acquisire un atteggiamento positivo e trasformare i propri sogni in realtà.

Napoleon Hill
LE CHIAVI DEL SUCCESSO
17 principi per la realizzazione personale

pp. 224

Un'analisi pratica e convincente dei principi che sono alla base della filosofia del successo a cui Napoleon Hill ha dedicato tutta la vita. Un libro che insegna a condensare le proprie idee ed entusiasmo in un piano coerente e completo.

Napoleon Hill
PENSA E ARRICCHISCI TE STESSO

(pp. 64 con audiocassetta)

La filosofia del successo di Napoleon Hill ha influenzato la vita, la carriera e la felicità di moltissime persone, più di quanto abbia fatto qualsiasi altra opera motivazionale. Con il libro e l'audiocassetta di *Pensa e arricchisci te stesso* sarà più facile imprimere il segreto del successo vero e duraturo nella nostra mente.

Napoleon Hill
ARRICCHISCI TE STESSO
CON L'ARTE DELLA PERSUASIONE

pp. 240

È la forza della persuasione che ci insegna a fare ciò che desideriamo e convince gli altri ad aiutarci. Le sue regole d'oro valgono se saprai imparare a convincere te stesso e gli altri ad avere ciò che ti vuoi offrire; fare in modo che le avversità non ti distruggano, ma tornino a tuo vantaggio, cogliendo le occasioni là dove sono e come si presentano.

Napoleon Hill - W. Clement Stone
IL SUCCESSO ATTRAVERSO L'ATTEGGIAMENTO
MENTALE POSITIVO
Prefazione di Og Mandino

pp. 272

"Questo libro può essere la cosa più fortunata che vi sia mai capitata. Leggetelo, studiatelo e leggetelo di nuovo. Poi, passate all'azione pratica. È molto facile, direi semplice, basta decidere di impegnarsi" (Og Mandino).

Robert Nelson
IL CORSO PER DIVENTARE
IL PIÙ GRANDE VENDITORE DEL MONDO

pp. 160

Basandosi sui principi contenuti nei "dieci antichi rotoli" di Og Mandino, questo libro insegna ad applicarli efficacemente per migliorare il proprio lavoro e aumentare il profitto.
L'autore, già direttore di corsi commerciali per la National Trade Association, è membro della National Speakers Association e tiene ovunque stimolanti conferenze per insegnare a diventare "i più grandi venditori del mondo".

Russell H. Conwell
TERRE DI DIAMANTI

pp. 64

Per trovare i "diamanti", le occasioni in grado di trasformare la propria vita da un giorno all'altro, non occorre cercare chissà dove. Attraverso questo classico della letteratura motivazionale, scopriremo che è proprio nelle cose più semplici, più vicine a noi, che possiamo trovare la nostra fortuna.

Jean Illsley Clarke
MANUALE DEL LEADER

pp. 144

Un manuale pratico per tutti coloro che devono condurre un gruppo di persone. Essere leader richiede qualità particolari, regole specifiche da seguire nella pianificazione degli incontri e nello svolgimento del lavoro di gruppo.
L'autrice è consulente di fama internazionale impegnata da anni nel settore relativo alla leadership e alla formazione degli adulti.

Zig Ziglar
I SEGRETI DEL VENDITORE

pp. 336

"*I segreti del venditore* sarà un bestseller per secoli. Chiunque seguirà i consigli di Ziglar avrà maggior successo nella vita personale, famigliare e professionale perché si basano su principi che, una volta messi in pratica, garantiscono grande fortuna" (W. Clement Stone).

John McDonald
MESSAGGIO DI UN GRANDE MAESTRO
Un classico sulla ricchezza, saggezza
e il segreto del successo

pp. 64

La storia del cambiamento miracoloso che si verifica in un uomo dopo il suo incontro con un vero maestro di vita. C'è qualcosa di inspiegabile in queste pagine che ha il potere meraviglioso di prestare aiuto, che ricolma il lettore di un convincimento dinamico e della comprensione di ciò che insegna.

Og Mandino
SUCCESSO SENZA LIMITI
Introduzione di W. Clement Stone

pp. 192

In questo libro, Og Mandino sceglie e raccoglie i migliori articoli apparsi su *Success Unlimited*, la famosissima rivista ispirata alla filosofia, ai principi e al lavoro di un uomo, il suo editore e direttore W. Clement Stone.

Og Mandino
I DIECI ROTOLI DEL SUCCESSO
Una guida unica con 250 messaggi
per trasformare la tua vita

pp. 112

Un libro che può essere letto tutto in una volta, ma che dovrebbe essere studiato per ore e messo in pratica per anni. Rappresenta la voce della ragione, la voce dell'ispirazione, la voce della forza.

Og Mandino
IL MEMORANDUM DI DIO
Il messaggio dello straccivendolo Simon Potter
per ottenere la felicità e la pace interiore

pp. 80

"Un libro straordinario che sa entusiasmare e motivare. Leggere per credere" (Richard M. DeVos).